TEORIA DA CONTABILIDADE

para o Exame de Suficiência do CFC

Para Bacharel em Ciências Contábeis

O livro é a porta que se abre para a realização do homem.

Jair Lot Vieira

Alex Eckert

2ª EDIÇÃO
revista e atualizada

TEORIA DA CONTABILIDADE

PARA O
EXAME DE SUFICIÊNCIA
DO CFC
PARA BACHAREL EM CIÊNCIAS CONTÁBEIS

- CONSELHO FEDERAL DE CONTABILIDADE
- Elaborado de acordo com a Resolução nº 1.373, de 8 de dezembro de 2011, do Conselho Federal de Contabilidade

edipro
concursos

TEORIA DA CONTABILIDADE
para o Exame de Suficiência do CFC
Alex Eckert

2ª edição 2013

© *desta edição: Edipro Edições Profissionais Ltda. – CNPJ nº 47.640.982/0001-40*

Editores: Jair Lot Vieira e Maíra Lot Vieira Micales
Coordenação editorial: Fernanda Godoy Tarcinalli
Revisão: Viviam Moreira
Produção gráfica: Karina Tenório, Simone Melz, Mariana Martins Ricardo e Renata Oliveira

Dados de Catalogação na Fonte (CIP) Internacional
(Câmara Brasileira do Livro, SP, Brasil)

Eckert, Alex
Teoria da contabilidade para o exame de suficiência do CFC / Alex Eckert. – São Paulo : EDIPRO, 2013. 2. ed. – (Coleção Exame de Suficiência do Conselho Federal de Contabilidade (CFC))

"Elaborado de acordo com a Resolução n. 1.373, de 8 de dezembro de 2011, do Conselho Federal de Contabilidade".

Bibliografia.
ISBN 978-85-7283-838-2

1. Contabilidade. I. Título. II. Série.

11-08240   CDD-657

Índices para catálogo sistemático:
1. Contabilidade : Exame de suficiência 657
2. Exame de suficiência : Contabilidade 657

EDITORA AFILIADA

edições profissionais ltda.
São Paulo: Fone (11) 3107-4788 – Fax (11) 3107-0061
Bauru: Fone (14) 3234-4121 – Fax (14) 3234-4122
www.edipro.com.br

À minha família, em especial
à minha esposa Micheli.

Sumário

Apresentação 9

capítulo 1 A contabilidade **11**

1.1. Conceito 11

1.2. Objetivos 17

1.3. Usuários e suas necessidades de informação 18

1.4. Os diversos ramos aplicados da contabilidade 21

capítulo 2 Evolução histórica da contabilidade **29**

2.1. Origem da contabilidade 29

2.2. A contabilidade nas grandes civilizações 35

**capítulo 3 As escolas ou doutrinas na história
da contabilidade** **41**

3.1. Escolas ou doutrinas e suas características 41

3.2. Os modelos de contabilidade adotados no mundo 58

capítulo 4 Reconhecimento e mensuração **69**

4.1. Reconhecimento e mensuração de ativos 73

4.2. Reconhecimento e mensuração de passivos 75

4.3. O patrimônio líquido e suas teorias 78

8 TEORIA DA CONTABILIDADE

4.4. Reconhecimento e mensuração de receitas e despesas, ganhos e perdas 79

4.5. Capital físico, financeiro e sua manutenção 83

capítulo 5 Os princípios de contabilidade 87

5.1. Características dos princípios de contabilidade (PC) 87

capítulo 6 Características qualitativas das demonstrações contábeis 91

6.1. Características qualitativas fundamentais 92

6.2. Características qualitativas de melhoria 96

capítulo 7 Íntegra da Resolução CFC nº 1.374/11 101

capítulo 8 Íntegra da Resolução CFC nº 750/93 153

capítulo 9 Exercícios 159

9.1. Questões da 1ª edição – março de 2011 159

9.2. Questões da 2ª edição – setembro de 2011 190

9.3. Questões da 3ª edição – março de 2012 221

Referências 255

Apresentação

Este livro foi elaborado com o objetivo de auxiliar acadêmicos e bacharéis em Ciências Contábeis visando à aprovação no Exame de Suficiência. Instituído no final da década de 1990, o referido exame teve sua primeira edição no ano 2000 e foi aplicado até 2004. Suspenso de 2005 a 2010, ele voltou a ser aplicado em 2011, de acordo com a Resolução CFC nº 1.301/2010, que regulamentou a aplicação do exame como requisito para obtenção ou restabelecimento de registro profissional em Conselho Regional de Contabilidade (CRC). Atualmente, o Exame de Suficiência é regido pela Resolução CFC nº 1.373/2011.

De linguagem simplificada, com a utilização de diversos exemplos e quadros elucidativos, a obra torna-se importante ferramenta para aqueles que almejam aprovação no Exame de Suficiência. Neste livro são revistos alguns conteúdos específicos da área de Teoria da Contabilidade, mais especificamente em relação ao detalhamento do conteúdo programático aplicável à prova de bacharel em Ciências Contábeis constante do Edital do Exame de Suficiência nº 01/2012.

No final, o livro apresenta as questões dos Exames de Suficiência realizados em março de 2011 (1ª edição), setembro de 2011 (2ª edição) e março de 2012 (3ª edição). Todas as respostas corretas das questões estão devidamente identificadas, e aquelas relativas à área de Teoria da Contabilidade foram acrescidas dos devidos comentários.

Desejo a todos uma proveitosa leitura.

Alex Eckert

capítulo . 1

A contabilidade

1.1. CONCEITO

Quando se inicia o estudo de algum assunto, a primeira questão que deve ser compreendida diz respeito ao entendimento conceitual da matéria pesquisada. É de fundamental importância que a questão conceitual e a terminologia sejam claramente entendidas para que se possam compreender de maneira efetiva os fatores envolvidos em seu contexto.

Imaginemos que um estudante da graduação necessite realizar uma pesquisa encomendada por seu professor, cujo assunto aborde a sonegação fiscal em um determinado ramo de atividade de sua cidade. Ora, antes de esse aluno iniciar qualquer trabalho, ele precisará ter clareza do significado do termo "sonegação" ou correrá o risco de fazer um trabalho que não venha a atingir os objetivos propostos.

Há duas ou três décadas, a busca por conceitos exigia, por parte dos leigos, longas jornadas de leitura e de pesquisa nas bibliotecas. No entanto, com a rápida evolução tecnológica, essa jornada tem mudado de rumo, visto que a conectividade digital revolucionou a forma de divulgação e de disponibilização do conhecimento. Bom ou ruim, o que se pode dizer é que, atualmente, há uma grande facilidade em se buscar informações em meios diferentes dos tradicionais materiais impressos.

O que se percebe é que, cada vez mais, a busca por informações nos moldes tradicionais está gradativamente sendo substituída por e-books, acervos virtuais e livros on-line. Sem falar nos bancos de dados virtuais, já que, muitas vezes, não são confiáveis, pois podem ser produzidos por pessoas que, por desconhecimento ou por má-fé, disponibilizam informações distorcidas.

12 TEORIA DA CONTABILIDADE

Quando se fala em contabilidade, é necessário, inicialmente, que se compreenda o seu real significado. Em pesquisas virtuais, utilizando a tecnologia da informação e a conectividade mundial, pode-se ter conhecimento de várias definições sobre o termo referido. Algumas dessas definições indicam uma espécie de direção, de auxílio para elucidar o seu conceito, mas, nesta obra, optou-se por ignorá-las e recorrer ao método de pesquisa tradicional.

É fato que sempre houve entre os estudiosos da contabilidade muitos debates visando a chegar a um conceito exato para essa ciência. A literatura especializada traz diferentes conceitos para o mesmo termo, alguns deles mais explicitados e analisados a seguir.

"A contabilidade [...] é uma ciência social que tem por objeto o patrimônio das entidades econômico-administrativas" (RIBEIRO, 2005, p. 2). O autor complementa explicando que o patrimônio é o conjunto dos elementos necessários à existência da entidade, incluindo os objetos de uso, de troca e de consumo, além dos valores que a entidade tem a receber e a pagar.

> [...] a contabilidade pode ser vista como uma linguagem estruturada cujo objetivo é transmitir informações quantitativas e qualitativas úteis sobre as operações e o estado das organizações, visando contribuir para o aprimoramento de sua administração. (HASTINGS, 2007, p. 2)

É importante ressaltar que Hastings, na formulação de tal conceito, baseia-se em algumas premissas, por exemplo, a mensuração, no qual explica que qualquer fenômeno necessita ser quantificado. Também ressalta a importância da apresentação das informações, pois deve haver, além da reunião e do acúmulo de informações, a sua correta divulgação.

> [...] a contabilidade faz parte das ciências econômicas e administrativas. Ela registra, estuda e interpreta (por análise) os fatos financeiros e econômicos que afetam a situação patrimonial de uma determinada pessoa, seja física ou jurídica. Essa situação patrimonial é apresentada ao usuário (pessoa que tem interesse em avaliar a situação da entidade) por meio das demonstrações contábeis tradicionais e de relatórios de exceção – específicos para determinadas finalidades. (GRECO; AREND; GÄRTNER, 2009, p. 1)

Capítulo 1 – A contabilidade **13**

A contabilidade auxilia no controle patrimonial tanto das pessoas físicas (as pessoas em si) quanto das jurídicas (empresas, entidades etc.).

> A contabilidade é a ciência social que tem por objetivo medir, para poder informar, os aspectos quantitativos e qualitativos do patrimônio de quaisquer entidades. Constitui um instrumento para gestão e controle das entidades, além de representar um sustentáculo da democracia econômica, já que, por seu intermédio, a sociedade é informada sobre o resultado da aplicação dos recursos conferidos às entidades. (SZUSTER, 2009, p. 17)

Em um primeiro momento, esse conceito parece estar direcionado ao controle do patrimônio dos órgãos públicos ou organizações sem fins lucrativos, visto que o termo "entidade" remete à sua finalidade, que, diferentemente das empresas, não objetiva o lucro. No entanto, outra análise pode ser feita no sentido de os próprios usuários das informações contábeis serem acionistas ou investidores, pois se utilizam das informações contábeis divulgadas para verificarem o retorno de suas aplicações de recursos.

> Contabilidade é a ciência de observação, registro, exposição, e análise dos fenômenos econômico-patrimoniais. Por seus princípios e seu método, a contabilidade ensina a tomar conhecimento dos componentes de um patrimônio (estática patrimonial), a registrar as mutações sofridas por esses componentes, no tempo e no espaço (dinâmica patrimonial), a expor a situação de um patrimônio e a sintetizar, por suas causas e efeitos, as mutações verificadas e registradas (estrutura do balanço), e ao exame dos fatos econômicos, através do tempo e em determinado momento (análise de balanço). (D'ÁURIA, 1946, p.6)

Esse é um dos poucos conceitos em que está presente a observação. Até as últimas décadas do século XX, os profissionais da contabilidade eram conhecidos por sua concentração e por seu isolamento, restritos basicamente a registrar os fatos contábeis, a elaborar relatórios e a atender as solicitações do fisco. No entanto, o que se percebe é que, nos últimos anos, exige-se do profissional contábil uma perfeita sintonia quanto a tudo o que está ocorrendo na organização. A própria convergência com as normas internacionais de contabilidade, que têm como um de seus objetivos demonstrar, da melhor maneira possível, a

14 TEORIA DA CONTABILIDADE

real situação patrimonial das entidades, deixa a juízo do contador a maneira como são realizados alguns registros contábeis. A Lei nº 11.638/07, que trouxe significativas mudanças na forma de se fazer contabilidade em nosso país, tem como um de seus pilares a primazia da essência sobre a forma, ou seja, as transações e os eventos necessitam ser registrados, contabilizados e apresentados de acordo com a sua essência, e não meramente sob sua forma legal.

> A Contabilidade é uma ciência que desenvolveu metodologia própria com a finalidade de controlar o patrimônio das aziendas, apurar o redito (resultado) das atividades das aziendas e prestar informações às pessoas que tenham interesse na avaliação da situação patrimonial e do desempenho dessas entidades. (NEVES, 2003, p. 3)

Muito se discute a respeito de a contabilidade ser, ou não, uma ciência. Não há dúvidas de que é um ramo do conhecimento humano que se originou de observações em torno de fatos. Com o passar do tempo, foi estabelecendo relações entre os fenômenos que estudava, definiu verdades, e estas são o que chamamos de leis contábeis. Todas versam sobre um mesmo objeto, com finalidades definidas, além de contar com metodologia própria. Com base nessas fundamentações, é possível afirmar que a contabilidade é uma ciência, visto que seu conhecimento é científico, pois está além do empírico e se enquadra dentro de todas as convenções lógicas para tal classificação. Portanto, a contabilidade é uma ciência, pois tem um objeto certo, finalidades próprias, métodos definidos, bem como verdades que decorrem da relação entre os fatos ou fenômenos que estudam, as chamadas leis.

> Contabilidade é um conjunto de normas, métodos e princípios, tirados de várias ciências, que, condensados e reunidos às suas teorias fundamentais, formam um sistema de preceitos que tem por objeto o patrimônio das entidades públicas e particulares, por meio do registro das variações desse patrimônio e por finalidade a orientação e controle, na administração econômica, dessas entidades. (D'AMORE; CASTRO, 1962, p. 6)

Não há dúvidas de que a contabilidade é uma ciência. Contudo, é importante destacar que é uma ciência social, embora seja muitas vezes confundida entre os leigos como uma ciência exata. O que ocorre é

Capítulo 1 – A contabilidade **15**

que ela se utiliza de diversos instrumentos quantitativos, por exemplo, a matemática e a estatística, para atingir seus resultados. Ou seja, a contabilidade é uma ciência social que se vale de instrumentos das ciências exatas para atingir seus objetivos. A contabilidade

> [...] é um conjunto de conhecimentos sistematizados, com princípios e normas próprias, [...] e sua função é registrar, classificar, demonstrar, auditar e analisar todos os fenômenos que ocorrem no patrimônio das entidades, objetivando fornecer informações, interpretação e orientação sobre a composição e as variações desse patrimônio, para a tomada de decisão de seus administradores. (FRANCO, 2009, p. 3)

Dentro das empresas, frequentemente, os responsáveis pela administração estão tomando decisões, umas mais e outras menos importantes. Muitas dessas decisões podem ser fundamentais para o sucesso do negócio e a continuidade das empresas. Por esse motivo, há necessidade de dados, de informações corretas, de subsídios que contribuam para uma boa tomada de decisão, que podem ser, por exemplo, resolução entre comprar ou alugar um maquinário, definição do preço de venda de um produto, se o financiamento a ser buscado deverá ser de longo ou de curto prazo, qual o montante de dívida que poderá ser contraído, que quantidade de material para estoque deverá ser adquirida, qual a redução de custos necessária, entre outras. A contabilidade é o grande instrumento que auxilia os gestores a tomar essas decisões, pois coleta os dados econômicos, mensurando-os monetariamente, registrando-os e resumindo-os sob a forma de relatórios ou de comunicados que contribuem para tomada das decisões.

> A contabilidade é o instrumento que fornece o máximo de informações úteis para a resolução de decisões dentro e fora da empresa como forma muito antiga para auxiliar as pessoas a tomarem-nas. Com o passar do tempo, o governo começa a utilizar-se dela para arrecadar impostos e a torna obrigatória para a maioria das empresas. (MARION, 2008, p. 7)

O governo, por meio dos seus entes tributários, encontrou na contabilidade uma fonte importante de informação para lançamento de seus impostos, visto que todas as operações das empresas nela estão

16 TEORIA DA CONTABILIDADE

registradas. No Brasil, até a entrada em vigor da Lei nº 11.638/07, era o fisco quem influenciava sobremaneira nos direcionamentos da contabilidade, em termos de regras e de normas. A referida lei trouxe como um dos seus aspectos positivos um rompimento entre o que chamamos de contabilidade societária e a contabilidade tributária. A contabilidade societária preocupa-se em demonstrar, efetivamente, a real situação patrimonial da empresa, que, na situação anterior, era passível de distorções em função de regras e de normas fiscais.

A seguir, apresenta-se um quadro resumo das palavras-chave extraídas dos conceitos apresentados por esses autores:

Autor	Palavras-chave
Ribeiro	Ciência social; patrimônio; entidades econômico-administrativas.
Hastings	Linguagem estruturada; informações quantitativas e qualitativas; operações; estado das organizações; administração.
Greco, Arend, Gärtner	Registra, estuda; interpreta; fatos financeiros e econômicos; situação patrimonial; pessoa física ou jurídica; usuário; demonstrações contábeis; relatórios.
Szuster, Cardoso, Szuster, Szuster, Szuster	Medir; informar; aspectos quantitativos e qualitativos; patrimônio; entidades; gestão e controle das entidades.
D'Áuria	Ciência; observação; registro; análise; fenômenos econômico--patrimoniais; patrimônio; estática; mutações; situação de um patrimônio.
Neves, Viceconti	Ciência; metodologia própria; controlar o patrimônio; *aziendas*; resultado; situação patrimonial; desempenho.
D'amore, Castro	Normas; métodos; princípios; sistema; patrimônio; entidades públicas e particulares; registro; variações; orientação; controle.
Franco	Conhecimentos; princípios; normas; registrar; classificar; demonstrar; auditar; analisar; fenômenos; patrimônio; entidades; informações; orientação; variações; tomada de decisão.
Marion	Instrumento; informações; tomada de decisões; governo; empresas.

Capítulo 1 – A contabilidade 17

Portanto, pode-se conceituar a Contabilidade da seguinte forma:

> **Contabilidade** é uma ciência que estuda e controla o patrimônio das entidades públicas e privadas, analisando e registrando as modificações patrimoniais que nelas ocorrem, objetivando oferecer aos usuários um subsídio para tomada de decisão.

1.2. OBJETIVOS

O principal objetivo da contabilidade é auxiliar no controle do patrimônio das entidades públicas e privadas, mediante o fornecimento de relatórios e informações que possam servir de guia para a tomada de decisões dos gestores desse patrimônio. Além disso, visa demonstrar a composição do patrimônio (estática patrimonial) e as suas variações (dinâmica patrimonial), bem como o resultado das atividades econômicas desenvolvidas por tais entidades. No caso das empresas, o resultado econômico é chamado de lucro, se for positivo, e prejuízo, se for negativo.

No entanto, a contabilidade também auxilia no controle patrimonial das entidades que possuem finalidades diversas das de lucro. Por exemplo, nas entidades que possuem objetivos sociais, culturais, esportivos e beneficentes, a contabilidade objetiva assegurar aos associados a preservação do patrimônio que, na maioria das vezes, é administrado por responsáveis eleitos ou indicados.

Diante disso, é possível afirmar que a contabilidade exerce dois objetivos dentro das entidades: controle e planejamento. As informações oriundas da contabilidade devem permitir aos interessados (proprietários, administradores, investidores, associados) avaliar as situações financeira e econômica da entidade para que possam inferir sobre as suas tendências futuras.

18 TEORIA DA CONTABILIDADE

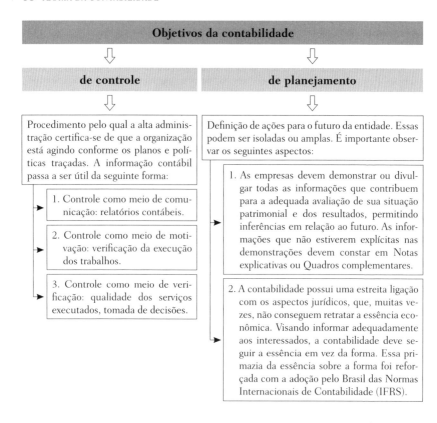

1.3. USUÁRIOS E SUAS NECESSIDADES DE INFORMAÇÃO

As operações registradas pela contabilidade das entidades são registradas e estruturadas detalhadamente com base no plano de contas. De acordo com esses registros, são gerados os principais tipos de relatórios que devem atender as necessidades dos usuários da contabilidade.

Os usuários são as pessoas que se utilizam das informações da contabilidade, que se interessam pela situação da empresa e buscam na referida ciência as respostas aos seus questionamentos. As informações oriundas dos relatórios devem atender as necessidades dos usuários externos e internos da entidade.

Os usuários externos são aqueles que se utilizam das informações para fazer consultas ou verificações. São exemplos de usuários externos:

Capítulo 1 – A contabilidade **19**

- *Investidores:* aplicam dinheiro na empresa e estão interessados, basicamente, em obter lucro. Eles se utilizam dos relatórios contábeis para verificar se a empresa pode trazer um retorno para os valores investidos.

- *Bancos:* emprestam dinheiro, desde que a empresa tenha condições de pagamento. As demonstrações contábeis e seus índices fornecem subsídio para que os bancos consigam ter uma segurança de que a empresa terá condições de honrar seus compromissos.

- *Governo:* quer saber o montante de tributos que a empresa gerou para os cofres públicos por meio das suas transações e dos lucros obtidos.

- *Fornecedores:* para avaliar a situação financeira da empresa e verificar se ela tem condições de pagar suas mercadorias, produtos ou matéria-prima adquiridos a prazo.

- *Concorrentes:* para comparar seus resultados e ajudar a compreender o porquê de as empresas do mesmo ramo de atividade terem resultados diferentes em determinado período.

Os usuários externos se utilizam, principalmente, das demonstrações contábeis tradicionais, como o balanço patrimonial, a demonstração do resultado do exercício, de lucros e prejuízos acumulados, do valor agregado, de fluxo de caixa, entre outros.

Já os usuários internos são aqueles que estão dentro das empresas e se utilizam das informações para auxiliar no processo de tomada de decisão. A seguir, estão listados alguns exemplos de usuários internos:

- *Acionistas ou sócios:* por meio das informações contábeis poderão obter respostas a questionamentos que identificarão a situação patrimonial da empresa e o rumo que os negócios estão tomando.

- *Gestores e administradores:* as informações contábeis auxiliam no momento de decidir entre fabricar e adquirir determinado item, na elaboração do orçamento de capital, se há viabilidade de expansão da fábrica, se o *mix* de produtos e de serviços precisa ser incrementado, entre outros.

Para os usuários internos à entidade, interessam, além das demonstrações contábeis tradicionais, outros tipos de relatórios que tragam informações relativas aos custos, aos tributos e aos orçamentos, desde que os auxiliem no processo de tomada de decisão. Em maior ou menor grau, tais tipos de relatórios devem trazer elementos para calcular, entre outros, custos de oportunidade, taxas de juros e de desconto, custo de reposição, custos econômicos e riscos.

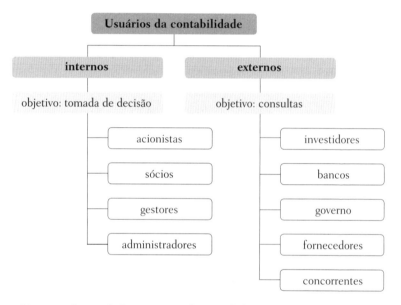

Um grande cuidado que o profissional da contabilidade deve ter, ao elaborar as demonstrações contábeis e os relatórios diversos, é com o grau de conhecimento contábil do usuário dessas informações. Para os especialistas, que são pessoas com o conhecimento contábil mais avançado, deve-se utilizar uma linguagem mais técnica. Para os leigos, ou seja, pessoas com pouco ou sem conhecimento contábil, por sua vez, deve-se utilizar uma linguagem mais amena, ou seja, o profissional contábil deve comunicar-se com a linguagem do usuário da informação.

Conclui-se que, além de classificarmos os usuários das informações contábeis pela sua localização (interna ou externa), devemos classificá-los também pelo seu nível de conhecimento em contabilidade (especialista ou leigo).

Capítulo 1 – A contabilidade **21**

1.4. OS DIVERSOS RAMOS APLICADOS DA CONTABILIDADE

A contabilidade pode ser aplicada em qualquer espécie de entidade econômico-administrativa, seja do setor privado, como é o caso das empresas, associações e cooperativas, seja do setor público (União, estados, municípios, autarquias etc.). O campo de aplicação da contabilidade são as células sociais, também conhecidas por *aziendas*, que possuem um patrimônio à sua disposição, administram-no e têm objetivos em comum. Esses objetivos variam de acordo com o perfil da *azienda*, conforme pode ser visualizado no quadro a seguir:

Espécie de *azienda*	Exemplo de objetivos
Empresa	Lucro, crescimento
Associação esportiva	Lazer, entretenimento
Condomínio	Segurança e qualidade de vida
Igreja	Assistência espiritual, assistência social
Cooperativa	Prestação de serviços aos associados
Município	Infraestrutura, segurança, saúde, educação

Ou seja, a contabilidade é aplicável tanto para as sociedades mercantis quanto para as sociedades civis, inclusive as sem finalidade lucrativa. É importante observar que o campo de atuação da contabilidade não está restrito aos grandes empreendimentos: aplica-se o conhecimento contábil aos micro e pequenos negócios e também ao controle do patrimônio das pessoas físicas.

A contabilidade pode ser estudada de modo amplo para todas as empresas, ou, em particular, aplicada em diferentes ramos de atividade ou setores da economia. Contudo, é importante destacar que, mesmo podendo ser aplicada especificamente a diferentes setores, não é matéria independente, pois trata do mesmo objeto: o patrimônio. Essa subdivisão tem por objetivo o aprimoramento das técnicas aplicadas a determinadas atividades e o estudo de aspectos específicos de cada um desses ramos. Dessa forma, no estudo da contabilidade, podem-se enfocar, entre outros, os seguintes ramos:

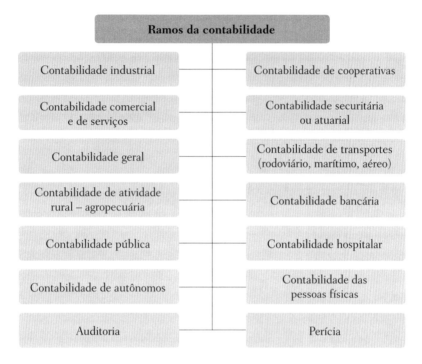

A Resolução CFC nº 560/83, que dispõe sobre as prerrogativas dos profissionais da contabilidade, reforça que, embora existam diversos ramos dentro da contabilidade, todos indicam para o mesmo ponto: o patrimônio.

CONSIDERANDO ser o patrimônio o objeto fundamental da Contabilidade, afirmação que encontra apoio generalizado entre os autores, chegando alguns a designá-la, simplesmente, por "ciência do patrimônio", cabe observar que o substantivo "patrimônio" deve ser entendido em sua acepção mais ampla que abrange todos os aspectos quantitativos e qualitativos e suas variações, em todos os tipos de entidades, em todos os tipos de pessoas, físicas ou jurídicas, e que, adotado tal posicionamento, a contabilidade apresentar-se-á, nos seus alicerces, como teoria de valor, e que até mesmo algumas denominações que parecem estranhas para a maioria, como a contabilidade ecológica, encontrarão guarida automática no conceito adotado (*Excerto da Resolução CFC nº 560/83*).

Capítulo 1 – A contabilidade **23**

Na mesma Resolução, o artigo 2º estabelece as condições para o exercício da profissão, bem como as funções e os cargos que os profissionais contábeis ocuparão nas entidades:

Art. 2º O contabilista pode exercer as suas atividades na condição de profissional liberal ou autônomo, de empregado regido pela CLT, de servidor público, de militar, de sócio de qualquer tipo de sociedade, de diretor ou de conselheiro de quaisquer entidades, ou, em qualquer outra situação jurídica definida pela legislação, exercendo qualquer tipo de função. Essas funções poderão ser as de analista, assessor, assistente, auditor, interno e externo, conselheiro, consultor, controlador de arrecadação, controller, educador, escritor ou articulista técnico, escriturador contábil ou fiscal, executor subordinado, fiscal de tributos, legislador, organizador, perito, pesquisador, planejador, professor ou conferencista, redator, revisor.

Essas funções poderão ser exercidas em cargos como os de chefe, subchefe, diretor, responsável, encarregado, supervisor, superintendente, gerente, subgerente, de todas as unidades administrativas onde se processem serviços contábeis. Quanto à titulação, poderá ser de contador, contador de custos, contador departamental, contador de filial, contador fazendário, contador fiscal, contador geral, contador industrial, contador patrimonial, contador público, contador revisor, contador seccional ou setorial, contadoria, técnico em contabilidade, departamento, setor, ou outras semelhantes, expressando o seu trabalho através de aulas, balancetes, balanços, cálculos e suas memórias, certificados, conferências, demonstrações, laudos periciais, judiciais e extrajudiciais, levantamentos, livros ou teses científicas, livros ou folhas ou fichas escriturados, mapas ou planilhas preenchidas, papéis de trabalho, pareceres, planos de organização ou reorganização, com textos, organogramas, fluxogramas, cronogramas e outros recursos técnicos semelhantes, prestações de contas, projetos, relatórios, e todas as demais formas de expressão, de acordo com as circunstâncias.

Quanto às atribuições profissionais dos contabilistas, o Conselho Federal de Contabilidade determinou, ainda na Resolução nº 560/83, que algumas atividades desempenhadas nas entidades deverão ser executadas exclusivamente por profissionais da contabilidade:

Art. 3º São atribuições privativas dos profissionais da contabilidade:
1) Avaliação de acervos patrimoniais e verificação de haveres e obrigações, para quaisquer finalidades, inclusive de natureza fiscal;

24 TEORIA DA CONTABILIDADE

2) Avaliação dos fundos de comércio;

3) Apuração do valor patrimonial de participações, quotas ou ações;

4) Reavaliações e medição dos efeitos das variações do poder aquisitivo da moeda sobre o patrimônio e o resultado periódico de quaisquer entidades;

5) Apuração de haveres e avaliação de direitos e obrigações, do acervo patrimonial de quaisquer entidades, em vista de liquidação, fusão, cisão, expropriação no interesse público, transformação ou incorporação dessas entidades, bem como em razão de entrada, retirada, exclusão ou falecimento de sócios, quotistas ou acionistas;

6) Concepção dos planos de determinação das taxas de depreciação e exaustão dos bens materiais e dos de amortização dos valores imateriais, inclusive de valores diferidos;

7) Implantação e aplicação dos planos de depreciação, amortização e diferimento, bem como de correções monetárias e reavaliações;

8) Regulações judiciais ou extrajudiciais, de avarias grossas ou comuns;

9) Escrituração regular, oficial ou não, de todos os fatos relativos aos patrimônios e às variações patrimoniais das entidades, por quaisquer métodos, técnicas ou processos;

10) Classificação dos fatos para registros contábeis, por qualquer processo, inclusive computação eletrônica, e respectiva validação dos registros e demonstrações;

11) Abertura e encerramento de escritas contábeis;

12) Execução dos serviços de escrituração em todas as modalidades específicas, conhecidas por denominações que informam sobre o ramo de atividade, como contabilidade bancária, contabilidade comercial, contabilidade de condomínio, contabilidade industrial, contabilidade imobiliária, contabilidade macroeconômica, contabilidade de seguros, contabilidade de serviços, contabilidade pública, contabilidade hospitalar, contabilidade agrícola, contabilidade pastoril, contabilidade das entidades de fins ideais, contabilidade de transportes, e outras;

13) Controle de formalização, guarda, manutenção ou destruição de livros e outros meios de registro contábil, bem como dos documentos relativos à vida patrimonial;

14) Elaboração de balancetes e de demonstrações do movimento por contas ou grupos de contas, de forma analítica ou sintética;

15) Levantamento de balanços de qualquer tipo ou natureza e para quaisquer finalidades, como balanços patrimoniais, balanços de resultados, balanços de resultados acumulados, balanços de origens e aplicações de recursos, balanços de fundos, balanços financeiros, balanços de capitais, e outros;

Capítulo 1 – A contabilidade **25**

16) Tradução, em moeda nacional, das demonstrações contábeis originalmente em moeda estrangeira e vice-versa;
17) Integração de balanços, inclusive consolidações, também de subsidiárias do exterior;
18) Apuração, cálculo e registro de custos, em qualquer sistema ou concepção: custeio por absorção global, total ou parcial; custeio direto, marginal ou variável; custeio por centro de responsabilidade com valores reais, normalizados ou padronizados, históricos ou projetados, com registros em partidas dobradas ou simples, fichas, mapas, planilhas, folhas simples ou formulários contínuos, com processamento manual, mecânico, computadorizado ou outro qualquer, para todas as finalidades, desde a avaliação de estoques até a tomada de decisão sobre a forma mais econômica sobre como, onde, quando e o que produzir e vender;
19) Análise de custos e despesas, em qualquer modalidade, em relação a quaisquer funções como a produção, administração, distribuição, transporte, comercialização, exportação, publicidade, e outras, bem como a análise com vistas à racionalização das operações e do uso de equipamentos e materiais, e ainda a otimização do resultado diante do grau de ocupação ou do volume de operações;
20) Controle, avaliação e estudo da gestão econômica, financeira e patrimonial das empresas e demais entidades;
21) Análise de custos com vistas ao estabelecimento dos preços de venda de mercadorias, produtos ou serviços, bem como de tarifas nos serviços públicos, e a comprovação dos reflexos dos aumentos de custos nos preços de venda, diante de órgãos governamentais;
22) Análise de balanços;
23) Análise do comportamento das receitas;
24) Avaliação do desempenho das entidades e exame das causas de insolvência ou incapacidade de geração de resultado;
25) Estudo sobre a destinação do resultado e cálculo do lucro por ação ou outra unidade de capital investido;
26) Determinação de capacidade econômico-financeira das entidades, inclusive nos conflitos trabalhistas e de tarifa;
27) Elaboração de orçamentos de qualquer tipo, tais como econômicos, financeiros, patrimoniais e de investimentos;
28) Programação orçamentária e financeira, e acompanhamento da execução de orçamentos-programa, tanto na parte física quanto na monetária;
29) Análise das variações orçamentárias;
30) Conciliações de contas;

26 TEORIA DA CONTABILIDADE

31) Organização dos processos de prestação de contas das entidades e órgãos da administração pública federal, estadual, municipal, dos territórios federais e do Distrito Federal, das autarquias, sociedades de economia mista, empresas públicas e fundações de direito público, a serem julgadas pelos Tribunais, Conselhos de Contas ou órgãos similares;

32) Revisões de balanços, contas ou quaisquer demonstrações ou registros contábeis;

33) Auditoria interna e operacional;

34) Auditoria externa independente;

35) Perícias contábeis, judiciais e extrajudiciais;

36) Fiscalização tributária que requeira exame ou interpretação de peças contábeis de qualquer natureza;

37) Organização dos serviços contábeis quanto à concepção, planejamento e estrutura material, bem como o estabelecimento de fluxogramas de processamento, cronogramas, organogramas, modelos de formulários e similares;

38) Planificação das contas, com a descrição das suas funções e do funcionamento dos serviços contábeis;

39) Organização e operação dos sistemas de controle interno;

40) Organização e operação dos sistemas de controle patrimonial, inclusive quanto à existência e localização física dos bens;

41) Organização e operação dos sistemas de controle de materiais, matérias-primas, mercadorias e produtos semifabricados e prontos, bem como dos serviços em andamento;

42) Assistência aos conselhos fiscais das entidades, notadamente das sociedades por ações;

43) Assistência aos comissários nas concordatas, aos síndicos nas falências, e aos liquidantes de qualquer massa ou acervo patrimonial;

44) Magistério das disciplinas compreendidas na Contabilidade, em qualquer nível de ensino, inclusive no de pós-graduação;

45) Participação em bancas de exame e em comissões julgadoras de concursos, onde sejam aferidos conhecimentos relativos à Contabilidade;

46) Estabelecimento dos princípios e normas técnicas de Contabilidade;

47) Declaração de Imposto de Renda, pessoa jurídica;

48) Demais atividades inerentes às Ciências Contábeis e suas aplicações.

§ 1º São atribuições privativas dos contadores, observado o disposto no § 2º, as enunciadas neste artigo, sob os números 1, 2, 3, 4, 5, 6, 8, 19, 20, 21, 22, 23, 24, 25, 26, 29, 30, 32, 33, 34, 35, 36, 42, 43, além dos 44 e 45, quando se referirem a nível superior.

§ 2º Os serviços mencionados neste artigo sob os números 5, 6, 22, 25 e 30 somente poderão ser executados pelos Técnicos em Contabilidade da qual sejam titulares.

De forma idêntica ao que ocorre em outras áreas do conhecimento, não são raras as situações nas quais as prerrogativas definidas como exclusivas dos profissionais contábeis são desempenhadas por profissionais de outras áreas. Nesses casos, os conselhos regionais de contabilidade, estabelecidos nas unidades de federação, é que fiscalizarão e, se necessário, penalizarão aqueles que estiverem desempenhando funções contábeis sem a devida habilitação.

capítulo . 2

Evolução histórica da contabilidade

É provável que a contabilidade seja tão antiga quanto o surgimento dos primeiros seres vivos da espécie humana. O homem primitivo, ao arrolar o número de instrumentos de caça e de pesca disponíveis, ao contar seus rebanhos, suas reservas de comida e bebida, já estava praticando uma forma rudimentar de contabilidade. A invenção da escrita foi um dos grandes marcos para aqueles que, de alguma forma, controlavam o patrimônio e, embora não soubessem, estavam praticando a referida ciência. Outro fato relevante foi o aparecimento da moeda. Antes dela, no escambo, o que ocorria era uma troca pura e simples de mercadorias, em que os negociantes simplesmente anotavam as obrigações, os direitos e os bens perante terceiros. Tratava-se, portanto, de uma mera listagem física, sem avaliação monetária.

2.1. ORIGEM DA CONTABILIDADE

Na busca por informações que tentam elucidar a origem e a evolução da contabilidade, deparamo-nos com diversos teóricos da área que trazem informações baseadas em pesquisas de uma época da qual restaram poucos registros. O conteúdo deste tópico é uma adaptação baseada na narrativa de Iudícibus (2009), um daqueles estudiosos ora mencionados.

A preocupação com as propriedades e a riqueza é uma constante no homem da Antiguidade, e ele teve de ir aperfeiçoando seu instrumento de avaliação da situação patrimonial à medida que as atividades

30 TEORIA DA CONTABILIDADE

foram desenvolvendo-se em volume e complexidade. De certa forma, o "homem contador" põe ordem, classifica, agrega e inventaria o que o "homem produtor", em seu anseio de produzir, vai, às vezes desordenadamente, guardando, dando condições ao último para aprimorar a quantidade e a qualidade dos bens produzidos, por meio da obtenção de mais informações sobre o que conseguiu até o momento.

O acompanhamento da evolução do patrimônio líquido – diferença entre a parte positiva e a parte negativa do patrimônio – das entidades de qualquer natureza constituiu-se no fator mais importante da evolução da disciplina contábil. Muito do que a contabilidade é pode ser medido pelo que realiza dentro da atividade econômica. Pode-se facilmente verificar que um sistema simples de registro e análise do patrimônio está presente até na mais rudimentar das organizações. Em algumas, pequenas ou médias, poderão até faltar o economista, o engenheiro ou o técnico em administração, mas certamente não faltará o técnico em contabilidade para fazer a escrituração. Isso caracteriza a essencialidade da função contábil.

De acordo com a evolução da forma organizacional e com as dimensões do empreendimento, avoluma-se e enobrece-se a função contábil. O profissional da contabilidade torna-se também o primeiro analista das informações produzidas pelo sistema por ele montado e um dos auxiliares mais importantes dentro da entidade. Apesar disso, a essencialidade desse profissional dentro das organizações é reconhecida por poucos.

O grau de desenvolvimento das teorias contábeis e de suas práticas está diretamente associado, na maioria das vezes, ao grau de desenvolvimento comercial, social e institucional das sociedades, cidades ou nações. Assim, é fácil de entender, passando por cima da Antiguidade, por que a contabilidade teve seu florescer como disciplina adulta e completa, nas cidades italianas de Veneza, Gênova, Florença, Pisa etc. Essas cidades e outras da Europa fervilhavam quanto às atividades mercantil, econômica e cultural, desde o século XIII até o início do século XVII. Representaram o que de mais avançado poderia existir na época em termos de empreendimentos comerciais e industriais.

Foi nesse período – em 1494, segundo os registros – que Luca Pacioli publicou, em Veneza, na Itália, a *Summa de arithmetica, Geometria, proportioni et proportionalitá,* na qual se distingue o *Tractatus de computis et scripturis,* provavelmente o primeiro a dar uma exposição completa e com muitos detalhes – por isso ainda hoje atual – da contabilidade. Na Figura 1 é apresentada uma cópia do título e da sinopse do referido livro.

Na mesma obra, conforme Figura 2, há uma carta dedicatória, na qual é possível observar o nome do autor (*Frater Lucas de Burgo Sancti Sepulchri*) na segunda linha. Ao final, na última linha, consta o ano da publicação (1494), a data (20 de novembro) e o local (Veneza).

Ao se fazer pesquisa em livros e artigos que versam sobre a história da contabilidade, é comum verificar que há diferentes grafias para o nome do autor. Geijsbeek (1914, p. 18) aponta que o verdadeiro nome de Luca Pacioli, autor do primeiro livro sobre contabilidade, definitivamente não era conhecido. Segundo ele, isso fica evidente com base em diferentes versões encontradas em vários livros. Além disso, continua ele, torna-se bastante divertido ler como os vários autores que citam esse nome têm o prazer de afirmar que o outro está errado e eles estão certos, embora estejam falando da mesma pessoa.

Obra/Autoria	Grafia do Nome
Summa de Arithmetica (*author's original*)	Frater Lucas de Burgo Sancti Sepulchri
La Scuola perfetta dei Mercanti (*second edition of Summa de Arithmetica by same printers*)	Fra Paciolo di Borgo Santo Sepolcro
Divina Proportione (*author's original*)	Lucas Patiolus (*the latin of the italian Pacioli*)
Contemporary writers	Lucas Pacciolus
Jan Ympyn Christoffels (*in his French book*)	Frere Lucas de Bargo Sancty Sepulcry
Guido Brandaglia	Luca Pacciolo
Ernst Ludwig Jager	Lucas Paccioli

32 TEORIA DA CONTABILIDADE

Obra/Autoria	Grafia do Nome
Carl Peter Kheil	Fra Luca Pacioli di Borgo Sansepolero
Beckmann's History	Lucas von Borgo
Anderson's History	Lucas von Borgo
Clitofonte Bellini (*Trattato Elementare Teorico Pratico di Ragionesia Generale*)	Luca Paciolo
V. Vianello (*Luca Paciolo nella Storia della Ragionesia*)	Luca Paciolo
Pawell Ciompa (*Grundrisse einer Oekonometrie*)	Luca Paciolo
L. Gomberg (*Grundriss der Verrechnungswissenschaft*)	Luca Paciolo
V. Gitti (*De Computio modern*)	Fra Luca Pacciolo
Moritz Cantor (*Geschichte der Mathematik*)	Pacinolo
Sigismund Giinther (*Geschichte der Mathematik*)	Paciolo
Catholic Encyclopedia	Lucas Pacioli
Richard Brown	Fra Luca Paciolo Da Borgo San Sepolchro
John B. Geijsbeek	Lucas Pacioli

Quadro 1 – As diferentes grafias para o nome de Luca Pacioli
Fonte: Adaptado de Geijsbeek (1914, p. 21).

**Suma de Arithmetica Geo/
metria Proportioni z Pro/
portionalita.**

Continentia de tutta lopera.

De numeri e mesure in tutti modi occurrenti.
Proportioni e pportionalita anoririta del. 5: de Eucli
de e te tutti li altri soi libri.
Chiaui ouero euidentie numero.13.p le q̃ta conti
nue.pportionali del.6:e.7: de Euclide extratte
Tutte le pri delalgorismo:cioe releuare. prir. multi/
plicar.sumare.e sottrare cõ tutte sue .pue i sani e rot/
ti.e radici e progressioni.
De la regola mercantesca ditta del.3.e soi fodamen·
ti con casi exemplari per c̃m: §.5.guadagni:perdi
te:transportationi:e inuestite.
partir.multiplicar.summar.e sottrar de le proportio
·ni e de tutte sorti radici.
De le.3.regole de' catayn ditta nositiõe e sua origie.
Euidentie generali ouer conclusioni n:66.absoluere
ogni caso che per regole ordinarie nõ si podesse.
Tutte sorte binomii e recisi e altre lince irratiõali del
decimo de Euclide.
Tutte regole de algebra ditte de la cosa e lor fabri/
che e fondamenti.
Compagnie i tutti modi.e lor partire.
Socide ou bestiami.e lor partire.
Fitti:pesolõ:cottimi:liuelli: logagioni:egodimenti.
Baratti i tutti modi semplici:compositi:e col tempo.
Cambi reali.secchi.fittitii.e di minuti ouer comuni.
Meriti semplici e a capo danno e altri termini.
Resti.saldi.sconti.de tempo e denari ela recare a un
di piu partite·
Or.argẽti.doro assinare. ecarattare.
Molti casi e ragioni straordinarie varie e diuerse a
tutte occurentie commo nella seqũente tauola ap/
pare ordinatamente de tutte.
Ordine a saper tener ogni cõto e scripture e del qua
derno sin vinegia.
Tariffa de tutte vsançe e costumi mercanteschi in tut
to el mondo.
pratica e theorica de geometria e de li.s.corpi regu/
lari e altri dependenti.
E molte altre cose õ grandissimi piaceri e frutto cõ/
uno difusamente per la seqũente tauola appare.

Figura 1 – Título e sinopse da *Summa de Aritmetica Geometria, Proportioni et Proporgionalitá*
Fonte: Geijsbeek (1914, p. 18).

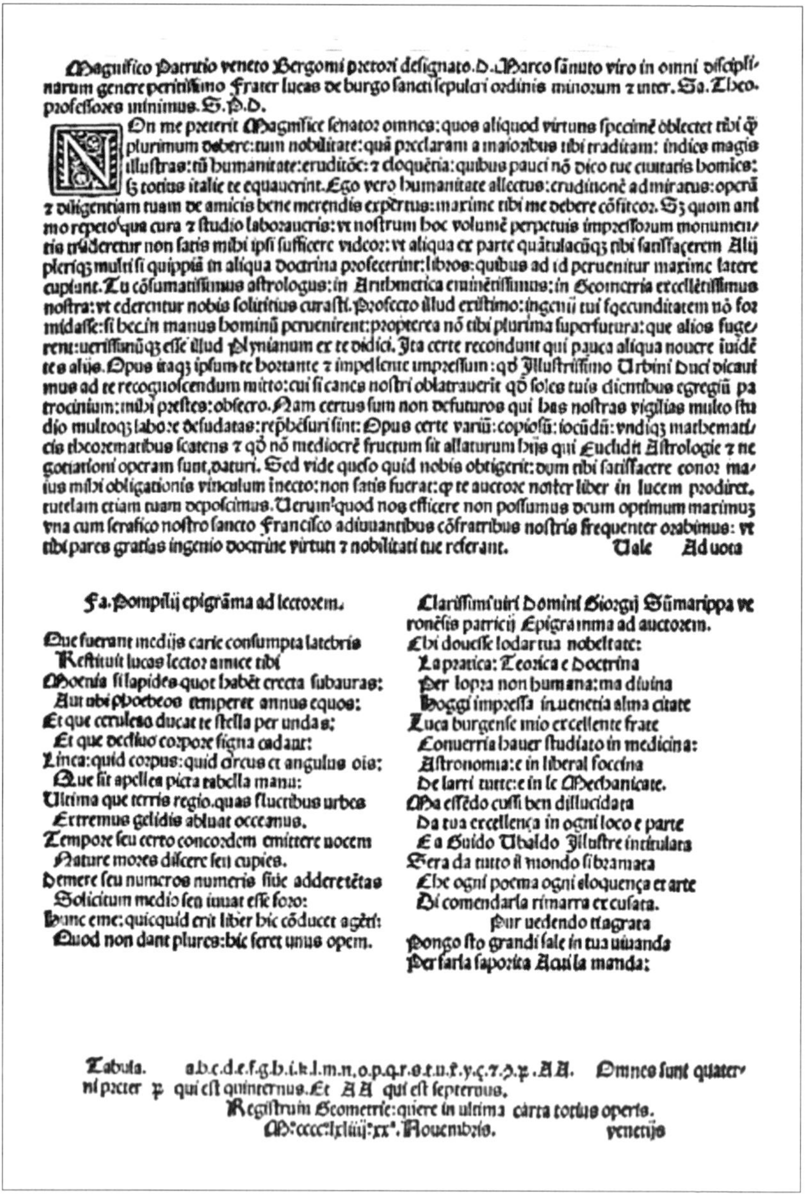

Magnifico Patritio veneto Bergomi pretori designato. D. Marco sanuto viro in omni disciplinarum genere peritissimo Frater lucas de burgo sancti sepulcri ordinis minorum 7 inter. Sa. Theo. professores minimus. S. P. D.

NOn me preterit Magnifice senator omnes: quos aliquod virtutis specime oblectet tibi q plurimum debere: tum nobilitate: quā preclaram a maioribus tibi traditam: indies magis illustras: tū humanitate: eruditōe: 7 eloquētia: quibus pauci nō dico tue ciuitatis homines: s3 totius italie te equauerint. Ego vero humanitate allectus: eruditione admiratus: operā 7 diligentiam tuam de amicis bene merendis expertus: maxime tibi me debere cōfiteor. S3 quom animo repeto qua cura 7 studio laboraueris: vt nostrum hoc volumē perpetuis impressorum monumentis trāderetur non satis mihi ipsi sufficere videor: vt aliqua ex parte quātulacūq3 tibi satisfacerem. Alij pleriq3 multi si quippiā in aliqua doctrina profecerint: libros: quibus ad id peruenitur maxime latere cupiant. Tu cōsumatissimus astrologus: in Arithmetica eminētissimus: in Geometria excellētissimus nostra: vt ederentur nobis solicitius curasti. Profecto illud existimo: ingenij tui foecunditatem nō formidasse: si hec in manus hominū peruenirent: propterea nō tibi plurima superfutura: que alios fugerent: uerissimūq3 esse illud Plynianum ex te didici. Ita certe recondunt qui pauca aliqua nouere inuidētes alijs. Opus itaq3 ipsum te hortante 7 impellente impressum: qd Illustrissimo Urbini Duci dicauimus ad te recognoscendum mitto: cui si canes nostri oblatrauerit qd soles tuis clientibus egregiū patrocinium: mihi prestes: obsecro. Nam certus sum non defuturos qui has nostras vigilias multo studio multoq3 labore desudatas: reprehēsuri sint: Opus certe variū: copiosū: iocūdū: vndiq3 mathematicis theorematibus scatens 7 qd nō mediocrē fructum sit allaturum hijs qui Euclidi Astrologie 7 negotiationi operam sunt daturi. Sed vide queso quid nobis obtigerit: dum tibi satisfacere conor maius mihi obligationis vinculum innecto: non satis fuerat: q te auctore noster liber in lucem prodiret. tutelam etiam tuam deposcimus. Uerum quod nos efficere non possumus deum optimum maximu3 vna cum serafico nostro sancto Francisco adiuuantibus cōfratribus nostris frequenter orabimus: vt tibi pares gratias ingenio doctrine virtuti 7 nobilitati tue referant. Uale Ad uota

Fa. Pompilij epigrāma ad lectorem.

Que fuerant medijs carie consumpta latebris
Restituit lucas lector amice tibi
Moenia si lapides quot habēt erecta subauras:
Aut ubi phoebeos temperet annus equos:
Et que ceruleas ducat te stella per undas:
Et que decliuo corpore signa cadant:
Linea: quid corpus: quid circus et angulus ois:
Que sit apelles picta tabella manu:
Ultima que terris regio. quas fluctibus urbes
Extremus gelidis abluat oceanus.
Tempore seu certo concordem emittere uocem
Nature mores discere seu cupies.
Demere seu numeros numeris siue adderetētas
Solicitum medio seu iuuat esse foro:
Hunc eme: quicquid erit liber hic cōducet agēti:
Quod non dant plures: hic feret unus opem.

Clarissimi uiri Domini Giorgij Sūmarippa veronēsis patricij Epigramma ad auctorem.
Chi douesse lodar tua nobeltate:
La pratica: Teorica e Doctrina
Per lopra non humana: ma diuina
Hoggi impressa in uenetia alma citate
Luca burgense mio excellente frate
Conuerria hauer studiato in medicina:
Astronomia: e in liberal foccina
De larti tutte: e in le Mechanicate.
Ma essēdo cussi ben dillucidata
Da tua excellença in ogni loco e parte
E a Guido Ubaldo Illustre intitulata
Sera da tutto il mondo si bramata
Che ogni poema ogni eloquença et arte
Di comendarla rimarra excusata.
Pur uedendo tragrata
Pongo sto grandi sale in tua uiuanda
Per farla saporita Aquila manda:

Tabula. a.b.c.d.e.f.g.h.i.k.l.m.n.o.p.q.r.s.t.u.x.y.ç.7.ꝯ.ꝶ.AA. Omnes sunt quaterni preter ꝶ qui est quinternus. Et AA qui est septernus.
Registrum Geometrie: quiere in ultima carta totius operis.
M.cccc.lxxxxiiij. xx. Nouembris. venetijs

Figura 2 – Carta dedicatória da *Summa de Aritmetica Geometria, Proportioni et Proporgionalitá*

Fonte: Geijsbeek (1914, p. 19).

2.2. A CONTABILIDADE NAS GRANDES CIVILIZAÇÕES

Para compreendermos de que forma a contabilidade participou dos grandes eventos e das fases da história, é importante que se faça uma busca para verificar sua influência nos acontecimentos. Os relatos desse tópico foram extraídos e adaptados de uma obra escrita por Sá (1997a), um dos principais estudiosos da Contabilidade do nosso país.

Na época bíblica, conta a história que havia um homem muito rico chamado Jó. De acordo com os relatos, certamente ele tinha um bom contador. Em determinado momento do referido livro, consta que seu rebanho era composto de sete mil ovelhas, três mil camelos, quinhentas juntas de bois e quinhentas jumentas. Esse e diversos exemplos mostram que a contabilidade já existia com o primitivismo dos povos, ainda que os conhecimentos da matemática, das letras, dos negócios e mesmo do patrimônio fossem extremamente limitados.

Muito tempo depois, na Mesopotâmia, há registros do uso da contabilidade. Os arqueólogos, em sua maioria, estão de acordo em afirmar que foram as imensas riquezas da Suméria, em Uruk, e também de Susa, no sopé das montanhas Zagros, responsáveis por constituir ambiente propício para o alicerce de um desenvolvimento da escrita contábil. As dúvidas correm por conta das imprecisões do conhecimento em torno das autoridades dos métodos contábeis, pois alguns entendem que os templos religiosos foram os que influenciaram sobre os processos de registros, uma vez que a eles cabia o controle da escrituração contábil e da economia.

Grandes historiadores sustentam que as bases da civilização ocidental repousam em tudo o que ocorreu na Mesopotâmia e no Egito, e a contabilidade não foge a tal conclusão. A escrita cuneiforme da Mesopotâmia, surgida no IV milênio antes de Cristo, segundo afirmam diversos estudiosos da questão, foi um desses progressos que orgulham o conhecimento da contabilidade, por sua qualidade como expressão do pensamento. Nessa época, os registros eram feitos em pequenas placas de argila fresca, sulcadas por estiletes de madeira, pontiagudos, com a ponta prismática, e base triangular. A escrita era simbólica e, por sua forma de cunha, recebeu a denominação de cuneiforme.

As pequenas placas e os traços retilíneos se justificavam em razão da matéria utilizada para os registros, argila umedecida, pois, como secava rapidamente, nem era recomendado o uso de grandes unidades nem de curvaturas nas inscrições. Mais tarde, resumos de tais pequenas peças começaram a ser realizados em pranchas maiores, nascendo, assim, o diário. A racionalização das memórias, para fins de controle das riquezas, criou, inclusive, critérios simbólicos de avaliação e ensejou, segundo alguns pesquisadores, as bases para a criação das moedas.

A história prova-nos que os métodos de escrita contábil sempre evoluíram, assim como os recursos para se fazer os registros. Os recursos da racionalidade da escrita contábil dariam outros passos, substancialmente grandes, como o uso do papiro, no Egito. Com o passar do tempo, os papiros foram reunidos em coletâneas de folhas, o que fez surgir os livros.

A contabilidade dos egípcios deu passos evolutivos relevantes no sentido das análises, e até no uso de matrizes contábeis, para efeitos de distribuição de despesas por centros de suas aplicações. A escrita naquela cultura, também sempre em evolução, contribuiu para o aperfeiçoamento da contabilidade utilizada com eficácia nos grandes armazenamentos que se faziam das colheitas, em razão das periodicidades do rio Nilo, o generoso sustentáculo da economia. De 2900 a.C. (período dinástico) a 100 a.C. (período greco-romano), os sinais ideográficos da escrita egípcia sofreram consideráveis evoluções, sempre buscando a simplificação e beneficiando o tempo gasto em volumosos registros de fatos contábeis e administrativos.

A evolução nas matemáticas, as boas estruturas administrativas, as qualidades artísticas, todas essas formas de cultura auxiliaram os povos, principalmente os egípcios, a imprimirem grande avanço nos processos de registros contábeis, pois a educação para escrever era acompanhada daquela voltada para cultura geral. O escriba era considerado como o "máximo profissional" no antigo Egito, ou seja, o mais digno de todos. Aos contadores eram confiadas tarefas administrativas de alto significado, inclusive diplomáticas e militares.

Seguindo essa marcha evolutiva, quando os processos contábeis se desenvolveram em Creta, na época da civilização pré-helênica, há indicativos que sofreram influência das já maduras civilizações do Oriente Médio e da África.

Naquela ilha onde viveu uma esplendorosa civilização, a Minoica, muito se perdeu, quer em razão de agentes naturais, como erupções vulcânicas, terremotos ou erosões, quer pelo material usado para registros. A escrita em Creta, inicialmente ideográfica, mas, depois, passando à fonética, deixou algumas provas que nos mostram que a evolução contábil não se havia interrompido, seguindo o curso evolutivo das sociedades.

Há pesquisas que indicam, em Creta, a existência de tábuas contábeis, peças de mármore onde se inscreviam balanços expostos em praça pública, o que demonstra a qualidade dos procedimentos contábeis. As contas da mesma natureza tinham suas tábuas ligadas por cordões, dando já uma noção firme do processo de razão. Os registros eram separados em débito e crédito por uma linha divisória, seguindo critérios, todavia, já consagrados no Oriente Médio. Portanto, é importante fazer constar que a civilização de Creta foi um importante elo entre civilizações antigas e a Grécia.

Da Grécia e de Roma, se observarmos o quão importantes foram para a história da humanidade, podemos afirmar que, em relação à documentação contábil, pouca coisa nos chegou, pelos problemas havidos com a imensa destruição dos acervos desses povos.

Sobre os gregos, louva-lhes a iniciativa da doutrina patrimonialista, ou seja, as primeiras instituições científicas da contabilidade, e isso é de relevante importância, embora não se tivesse constituído em uma fase ou um período científico. Existem referências de Aristóteles e Platão sobre os conceitos da riqueza, atribuindo aos gregos a paternidade, inicialmente, de uma doutrina em base patrimonial.

Sabemos que as atividades comerciais, e especialmente as bancárias, foram exuberantes na Grécia, noticiadas por meio das orações de Isócrates e Desmótenes, que se referem ao livro que os gregos adotavam para contabilidade, denominado Gramata.

38 TEORIA DA CONTABILIDADE

Na Grécia, a contabilidade dos templos e do Estado era independente. A do Estado, também conhecida como pública, era gravada em estrelas de mármore e colocada em praças para que todos tomassem conhecimento das entradas e das saídas de dinheiro. Segundo se tem notícia, a maioria dessas lápides se perdeu, pois, quando ficavam desatualizadas, muitas eram, inclusive, utilizadas nas construções.

O mundo romano, por sua vez, imenso e poderoso, sucedendo ao grego, foi palco de grandes acumulações de riqueza, com maior extensão de terras. Nessa época, foram aprimorados sistemas de administração, houve uma grande evolução da ciência jurídica, que contou com grandes intelectuais e o engendramento de uma estrutura social bem definida. A contabilidade dos romanos realizou, nas diversas fases da civilização, muitos progressos. Pode ser caracterizada como de excelente qualidade, superior à que herdou de outros povos, com características marcantes, embora pouquíssima prova material tenha chegado aos nossos dias.

O que mais conhecemos é com base nos escritos, como os de Cícero e de alguns outros poucos, mas é o suficiente para traçar um quadro sobre as linhas mestras nas quais se apoiou. É certo que ela foi eminentemente analítica e preocupou-se com os livros contábeis – nesses com maior relevo – e com a análise dos fatos patrimoniais por atividades. A manutenção de livros para cada atividade, para cada grupo de fatos específicos, foi basicamente uma característica romana, embora, com menor precisão, também encontrada no Egito e nas civilizações da Mesopotâmia.

Na civilização romana, os registros imediatos eram gravados em tábuas com cera, com estiletes pontiagudos, e depois passados para os livros. Outra característica singular era a contabilidade pública e as das colônias. Basta supor a imensidão de seu império para que se possa ter ideia do que exigia em termos de controles contábeis.

História dos primórdios da contabilidade

- A escrita desenvolveu-se com as pictografias (sistema primitivo de escrita em que as ideias são expressas por meio de desenhos das coisas ou figuras simbólicas) – que data de 30 mil a 12 mil anos atrás.

História dos primórdios da contabilidade
• Filetes de barro de formas diferentes – controle de materiais nos armazéns.
• Filetes de barro passaram a ser desenhados sobre tabuletas de argila – registro de transações de terras e controle dos armazéns.
• 3.000 a.c. – os escribas já faziam contas em inventários, listas de objetos usados como pagamentos e recebimentos.
• 2.000 a.c. – contabilidade governamental na China – usavam dinheiro cunhado.
• Século VII a.c. – cunhagem de dinheiro com valor uniforme na Europa.
• Civilização grega com sofisticado sistema de administração pública.
• Grécia Antiga realizava atividades comerciais e bancárias.
• Visão da contabilidade no setor privado é oferecida pela descoberta do "Papiro de Zenon".
• Civilização romana (700 a.C. a 400 d.C.) – registros contábeis em tabuletas de cera – mantinham um diário e um livro-caixa, códigos legais de Gaio e Justiniano e oratórias de Cícero.

Quadro 2 – Cronologia histórica dos primórdios da contabilidade

Fonte: Extraído e adaptado de Iudícibus (1997).

O surgimento do método das partidas dobradas, na Itália, constituiu, sem dúvida, um dos marcos históricos da contabilidade. O quadro a seguir apresenta um resumo de seu surgimento e evolução:

Surgimento da escrituração por partidas dobradas
• Praticada em Florença por Giovanni Farolfi (Itália), em 1299-1300.
• Contas comerciais de Donald Sorango e irmãos, em Veneza, no início do século XV (controle de materiais nos armazéns).
• Primeira organização profissional de contadores, fundada em Veneza – 1581.
• Luca Pacioli – pai da contabilidade moderna (em 1494 publicou sua *Summa*, que continha dois capítulos – *Computis e Scriptures*, descrevendo uma manutenção contábil de lançamentos em partidas dobradas).
• Razões para o surgimento das partidas dobradas, no século XIII: 1) Resultado natural do processo revolucionário da época;   2) Cenário particular das cidades-estado italianas.

40 TEORIA DA CONTABILIDADE

Surgimento da escrituração por partidas dobradas

- Espírito capitalista – Idade Média:
1) Século XII – Sistema feudal;
2) Século XIII – Domínio da igreja;
3) Final do século XIII – Ambiente favorável ao desenvolvimento do capitalismo.

- Eventos político-econômicos:
1) Queda do sistema feudal e evasão da população;
2) Europeus adquiriram gosto pelas mercadorias do Oriente;
3) Desenvolvimento do sistema financeiro em Florença;
4) Poder associado aos comerciante e aos industriais.

- Inovações tecnológicas:
1) Deus deu talentos às pessoas e a utilização desses fazia parte do plano para a realização de seus propósitos;
2) Descoberta do sistema numérico indo-arábico; fabricação do papel e invenção da impressão.

- A contabilidade de partidas dobradas como um dispositivo que acionou o desenvolvimento do capitalismo:
1) Geração de lucros;
2) Racionalidade econômica.

- Deslocamento do poder econômico da Itália para a Inglaterra:
1) Século XV-XVII (mercantilismo);
2) Governo central tentava controlar e regular todas as fases da atividade comercial;
3) Arthur Cayley (*Cambridge University*) escreveu *Os princípios da escrituração mercantil de lançamento em partidas dobradas*;
4) Século XVIII – iniciativa econômica deveria partir de indivíduos (Revolução Industrial);
5) Diretores de uma companhia deviam suprir acionistas com balanços gerais anuais auditados;
6) Ênfase nas demonstrações da lucratividade e da liquidez;
7) Crescimento e requintamento da contabilidade gerencial (planejamento e controle).

Quadro 3 – O surgimento da escrituração por partidas dobradas
Fonte: Extraído e adaptado de Iudícibus (1997).

capítulo . 3

As escolas ou doutrinas na história da contabilidade

No decorrer da evolução da contabilidade, diversas foram as escolas de pensamento contábil. Embora em diferentes proporções, todas trouxeram avanços no estudo da ciência contábil. O que difere uma da outra é apenas a maneira de apresentação das correntes ora desenvolvidas. Neste capítulo serão listadas e descritas as escolas de pensamento contábil que surgiram na busca de uma visão científica, embora muitas tenham apenas servido de base para outras que vieram em seguida.

As escolas ou as doutrinas do pensamento contábil e suas características são apresentadas no tópico 3.2, conforme a revisão feita por Amorim (1968), Hermann Jr. (1996), Sá (1992; 1994; 1995; 1997a; 1997b; 2007) e Schmidt (2000).

3.1. ESCOLAS OU DOUTRINAS E SUAS CARACTERÍSTICAS

De acordo com a literatura citada, as principais escolas ou doutrinas do pensamento contábil no decorrer da evolução histórica da contabilidade foram o pseudopersonalismo, o contismo, o materialismo substancial, o personalismo, o controlismo, o aziendalismo, o reditualismo, o patrimonialismo, o universalismo e, mais recentemente, o neopatrimonialismo. A não citação de outras escolas que porventura tenham existido não significa que não tenham contribuído com essa evolução.

3.1.1. Pseudopersonalismo

O pseudopersonalismo foi a primeira escola doutrinária de que se tem conhecimento e tinha como grande característica sua extre-

42 TEORIA DA CONTABILIDADE

ma natureza empírica, sem qualquer base racional. É uma corrente da contabilidade que indica as relações jurídicas entre pessoas com a presença dos termos "dever" e "haver", personificando as contas. As contas tinham suas iniciais com letras maiúsculas, como se fossem nomes de pessoas, tamanhas suas personificações.

Essa escola baseava-se na seguinte premissa: considere que um estabelecimento comercial é uma pessoa, que se torna devedora de tudo que lhe dá. Por outro lado, torna-se credora de tudo o que dela você retira, ou que dela recebe, como se fosse um terceiro credor.

A teoria pseudopersonalista baseia-se no pressuposto de que todas as contas, mesmo aquelas que representam coisas ou bens patrimoniais, devem ser consideradas como contas das pessoas à guarda de quem estejam confiadas e, mais adiante, como contas representativas da pessoa do comerciante que se desdobra em tantas pessoas quantas forem as espécies de bens ou de valores por ele possuídos. Os pseudopersonalistas chegaram à conclusão de que tudo que entra deveria ser debitado, e, por outro lado, tudo que sai deveria ser creditado.

Tal escola não conseguiu padronizar os lançamentos dos fatos nos livros, causando, assim, um aprendizado empírico, sem primar pela teoria tão necessária para montar uma estrutura científica. Outra fragilidade dessa corrente referia-se à personificação do responsável pelo valor, que, quando tratava de bens intangíveis, não era viável.

Para os pseudopersonalistas, o importante era demonstrar a diferença entre as contas que representavam pessoas das que representavam coisas, destacando as divisões conforme quadro a seguir:

Pseudopersonalismo	
Tratadista	Abordagem: pessoas/coisas
Doménico Manzoni (1540)	Contas gerais (de coisas); contas particulares (de pessoas)
Barrême e Degranges (1721/1795)	Contas gerais (de coisas); contas particulares (de pessoas)

Pseudopersonalismo	
De La Porte (1712)	Contas do chefe (capital, perdas e ganhos, despesas gerais); contas de valores (caixa, mercadorias); contas dos correspondentes (devedores e credores diversos).

Mesmo que a teoria pseudopersonalista tenha sua influência estendida desde o fim do século XV até os dias atuais, não conseguiu dar à contabilidade as necessárias bases racionais para o seu arcabouço, tanto sob o ponto de vista técnico quanto teórico. A evolução do pensamento contábil foi penosa e lenta, com algumas investidas isoladas de tratadistas, como James Peele (1553), Abraham De Graaf (1638), John Clark (1632), De La Porte (1741) e Degranges (1795).

Embora seja de natureza empírica, a corrente pseudopersonalista apresentou raízes profundas que lhe garantiram a existência até os dias de hoje. No quadro a seguir são apresentados alguns tratadistas seguidores dessa escola:

Ícones do pseudopersonalismo
Lodovico Flori (1636)
Andrea Zanbelle (1671)
J. S. Quiney (1817)
José Maria Brost (1825)
Francisco Castafio Diégues (1863)
Ramón Cavanna Sanz (1929)
Gabriel Faure (1930)
Antônio Sacristan y Zavala (1932)
Fernando Boter Mauri (1959)

3.1.2. Contismo

Apesar de não ser considerada uma corrente científica, foi a escola ou a corrente pioneira determinante da teoria de que as contas são

44 TEORIA DA CONTABILIDADE

objeto de estudo da contabilidade. Influenciou grandes contadores, principalmente os da Itália. A partir de 1818, o principal líder do contismo foi Giuseppe Bornaccini.

Antes dela, a Teoria das Cinco Contas Gerais de Degranges, em 1795, já se preocupava em estudar o instrumento utilizado para codificar os dados do comportamento da riqueza das aziendas, dividindo inicialmente as contas da seguinte forma:

	Teoria das Cinco Contas Gerais – Degranges (1795)
1	mercadorias gerais
2	caixa
3	contas a receber
4	contas a pagar
5	lucros e perdas
6*	diversas contas *(adicionada posteriormente)

Entre outras contribuições, Degranges estabeleceu a norma de que se deve debitar aquele que recebe e creditar aquele que dá.

A primeira tentativa do contismo data de 1803, quando Nicolo D'Anastasio publicou o seu livro *La scrittura doppia ridotta a scienza.* Depois dele, destacou-se Giuseppe Bornaccini, que deu maior seriedade ao assunto no livro *Idee teoritiche e pratiche di ragioneria e doppia registrazione*, além de Angelo Galli (*Instituzioni di contabilitá*, 1837) e Ludovico Giuseppe Cripa (*La scienza dei conti*, 1838).

O contismo perdeu influência entre os estudiosos da ciência por causa da falta de embasamento científico de seus conceitos. A conta não é a causa, e sim o efeito que expressa o fenômeno patrimonial, e uma ciência não se dedica ao estudo do efeito, mas à causa como objeto de observação, elaboração, exposição e análise.

Tal escola tentou sobreviver com as novas tendências de observação que Fábio Besta elaborou, mas não conseguiu impedir o desenvolvimento do personalismo, que viria a substituí-lo entre os intelectuais

Capítulo 3 – As escolas ou doutrinas na história da contabilidade **45**

da contabilidade. Além disso, sofreu forte oposição do materialismo substancial de Francesco Villa.

Essa corrente direcionou-se, basicamente, para as demonstrações de natureza matemática. A elevada utilização de mensuração dos fatos dava aos leigos a falsa impressão de que a contabilidade era uma mera ciência de números. O que faltava aos contistas era conseguir expor que os valores numéricos são apenas instrumentos utilizados para mensurar os fatos, assim como acontece com outras ciências. Por exemplo, apenas pelo fato de a física medir a força em quilos não quer dizer que seja uma ciência matemática, assim como não é a contabilidade quando ela apresenta em números os valores gastos para fabricar um determinado produto.

O que ocorre é que as contas e os números são apenas maneiras de apresentar o que ocorreu, e não a si mesmos, por esse motivo a corrente contista perdeu força em função das contestações de diversos estudiosos e cientistas.

Ícones do contismo
Nicolo D'Anastasio (1803)
Giuseppe Bornaccini (1818)
Angelo Galli (1837)
Ludovico Giuseppe Cripa (1838)

3.1.3. Materialismo substancial

A Escola Lombarda originou-se na Lombardia, norte da Itália, e foi fortemente influenciada, na época, pelo domínio político da Áustria. Teve como principal líder Francesco Villa, com sua obra *La contabilitá applicata alle amministrazione private e publiche* (1840). Posteriormente, Fábio Besta (1891), com grande expressão científica, teve como tarefas principais a construção do materialismo e a oposição ao personalismo de Rossi e Cerboni.

46 TEORIA DA CONTABILIDADE

A base doutrinária dessa escola afirmava que as contas eram abertas a valores, mas não a relações pessoais. Admitia a escrita contábil como parte mecânica e entendia que a substância de estudo da contabilidade era a riqueza aziendal. A doutrina da substancialidade enuncia que a contabilidade não é uma técnica de informação, mas algo que se preocupa em conhecer o substancial que se encontra muito além do registro.

Villa contribuiu com a evolução científica da contabilidade por seus diversos conceitos, destacando-se suas bases de raciocínio sobre os meios patrimoniais, a utilidade e os seus limites, a renda, o princípio da competência, o valor e os fenômenos contábeis das imaterialidades. Em suma, os fundamentos que levaram aos conceitos são suficientes para colocar seu trabalho no campo da dignidade científica. Além disso, ele foi competente para esquematizar todas as relações lógicas que envolvem o fenômeno patrimonial, ou seja, as essenciais, dimensionais e ambientais, embora o tivesse feito sem os detalhes que só mais tarde seriam alcançados.

Francesco Villa ainda colaborou com o conceito do patrimônio como o conjunto de bens diferentes, mas identificados pelo mesmo propósito de utilização, o qual chamamos de teoria da agregação.

Ícones do materialismo substancial
Francesco Villa (1840)
Fábio Besta (1891)

3.1.4. Personalismo

Essa escola, com profundas raízes jurídicas, de séria reação ao contismo, transformou a conta em pessoa, capaz de ter direitos e obrigações. Baseada na responsabilidade pessoal entre os gestores e a substância patrimonial, tinha foco no aspecto administrativo-jurídico. Esse pensamento difere do materialismo, pois estuda as relações pessoais que agem na substância patrimonial.

Os seguidores dessa corrente partiam do raciocínio de que as relações é que motivam os direitos e as obrigações são importantes objetos de estudo. Por esse motivo, tem-se como conceito mais difundido de patrimônio o conjunto de bens, direitos e obrigações.

O maior líder dessa corrente foi Giuseppe Cerboni e o maior intelectual, Giovanni Rossi, cujas obras destacadas foram publicadas após 1873. Rossi tratava a contabilidade como pessoal, de ficção, além de tratá-la com caráter científico.

O personalismo teve sua origem científica com o francês Hypolitte Vannier, em sua obra editada em Paris, em 1844. Rejeitava o contismo e apresentava, com conotação científica, o personalismo. Muitos foram os seus seguidores, porém os ícones dessa corrente de pensamento foram Marchi, Vannier, Cerboni e Giovanni Rossi.

Foi Francesco Marchi quem lançou as bases de um personalismo científico, abrindo caminho para outros pensadores como Cerboni. Além de combater a corrente de Degranges, também apresentou as ideias que viriam posteriormente a substituir as do contismo. Ignorando a corrente dos contistas, Marchi criou uma teoria das contas próprias, composta de quatro grandes grupos, conforme segue:

Teoria das contas segundo Marchi	
Grupo 1	contas do proprietário
Grupo 2	contas dos gerentes ou dos administradores
Grupo 3	contas dos consignatários
Grupo 4	contas dos correspondentes $\left\{\begin{array}{l} \text{4.1 contas patronais} \\ \text{4.2 contas dos gerentes} \\ \text{4.3 contas pessoais ou dos correspondentes} \end{array}\right.$

Cerboni escreveu, em 1873, a tese entitulada *Primi saggi di logismigrafia* e, em 1886, sua mais importante obra: *La ragioneria scientífica*

48 TEORIA DA CONTABILIDADE

e *le sue relazione con le discipline amministrative e sociali.* O personalimo de Cerboni teve os seguintes axiomas, ou postulados:

Axioma	Descrição	Corolários
1º	Toda *azienda* deve ser administrada, todas possuem um ou mais proprietários, e esses não podem conseguir a gestão se não entrarem em contato com agentes e correspondentes.	• pode ser proprietário da *azienda* um só indivíduo ou diversos, constituídos em sociedade; • o principal em uma *azienda*, se não for o proprietário, será sempre um representante seu, conservando todos os poderes que àquele seriam pertinentes; • de direito é o proprietário que exercia a autoridade ou supremacia sobre a azienda.
2º	Uma coisa é desfrutar a propriedade, e outra é administrá-la.	• quando o proprietário também administra, adquire a dupla qualidade de proprietário e administrador.
3º	Uma coisa é administrar a *azienda*, e outra é custodiar sua substância e por ela responder materialmente.	• o administrador, tendo o encargo de dirigir e assumir por custódia a substância, será a um só tempo gestor e agente consignatário
4º	Não se pode criar um devedor sem, simultaneamente, criar um credor e vice-versa.	• toda soma derivada de qualquer operação da *azienda* deve ser registrada em débito e em crédito.
5º	O proprietário, administrando ou não a azienda, é, de fato, credor da substância e devedor das passividades pertinentes àquela, ao contrário do que ocorre com os agentes e com os correspondentes.	• o crédito do proprietário corresponde ao débito dos agentes e dos correspondentes, e vice-versa; o administrador situa-se como em uma balança de débito e crédito, entre os proprietários de uma parte e os agentes e os correspondentes de outra; o administrador não pode ser devedor, nem credor da azienda, senão junto como agente consignatário ou correspondente estranho àquela.

Capítulo 3 – As escolas ou doutrinas na história da contabilidade **49**

Axioma	Descrição	Corolários
6º	O débito e o crédito do proprietário não variam senão em razão de perdas ou de lucros, ou, ainda, por acréscimos ou por reduções do capital originário.	A permuta de elementos do capital da azienda ou a soma de passagens de um agente ou correspondente a um ou outro, se forem idênticas, não modificam a situação do proprietário, nem aquela dos agentes ou correspondentes.

Quadro 4 – Axiomas do personalismo de Cerboni
Fonte: Extraído e adaptado de Sá (1997a).

Outro grande personagem do personalismo foi Giovanni Rossi, que denominou "funções particulares", com base em uma função geral, as seguintes relações:

I – os bens patrimoniais que se encontram à disposição;

II – os fins a que se propõe a entidade;

III – as necessidades;

IV – as influências ou condições em meio à sociedade;

V – as relações com terceiros;

VI – os meios e os modos com os quais se procedem no curso da vida.

A corrente dos personalistas foi criticada sob o argumento de que não bastava possuir direito, sendo necessário realizá-lo para que se satisfaça a necessidade. Por exemplo, se uma mercadoria é roubada da empresa, a empresa conserva o direito sobre ela, mas não consegue transformá-la em dinheiro, tampouco obter lucros sobre ela. Na mesma linha de raciocínio, para a contabilidade não adianta apenas ter a duplicata a receber, mas é necessário que ela se transforme em dinheiro.

Ícones do personalismo
Hypolitte Vannier (1844)
Francesco Marchi (1867)
Giovanni Rossi (1882)
Giuseppe Cerboni (1886)

50 TEORIA DA CONTABILIDADE

3.1.5. Controlismo

A Escola Veneziana de Fábio Besta, que acompanhou os estudos de Villa, causou grande reação às ideias personalistas de Cerboni. Mesmo antes de enunciar o controlismo, Besta já se valia de grande influência do neocontismo. Esta era uma corrente que retomava o contismo, dando-lhe um viés científico e não mais empírico.

O controlismo, como a primeira reação ao personalismo, preocupava-se mais em saber o que significava a conta, bem como sua verdadeira expressão em meio dos estudos contábeis, do que com a forma de apresentação dela. Resumindo, ela se preocupava com o conteúdo da conta, reagindo contra os conceitos de Cerboni.

À medida que desenvolvia seus novos conceitos, Fábio Besta abandonava a corrente do contismo e estabelecia seus próprios princípios e filosofias, os da escola controlista. Besta pôde difundir suas ideias nos debates do Congresso de Contabilidade, realizado em 1879, em Roma, onde se encontravam, entre outros, Cerboni e Rossi. No ano seguinte, fez um discurso apresentando a ciência contábil como a que trazia como objeto de estudo o "controle econômico das aziendas", dividindo-o em três funções:

I – controle antecedente;
II – controle concomitante;
III – controle subsequente.

Um dos aspectos conflitantes entre as escolas controlista, de Besta, e a personalista, de Cerboni, era em relação à delimitação do patrimônio aziendal. Como já dito, para Cerboni o patrimônio era o conjunto dos bens, dos direitos e das obrigações da azienda. Já para Besta, o patrimônio é o agregado de valores atribuíveis aos bens, negando o conjunto de direitos e obrigações como conceito.

Mesmo tendo diversos seguidores, como, por exemplo, Vittorio Alfieri, Pietro Rigobon, Francesco de Gobbis, Vincenzo Vianelo, Pietro D'Alvise e, o mais importante de todos, Carlo Ghidiglia, as ideias de Besta não encontraram grandes repercussões na Itália, berço de todas as suas argumentações, tampouco em outros países. O maior mérito mesmo foi a reação provocada contra o personalismo.

Capítulo 3 – As escolas ou doutrinas na história da contabilidade **51**

Assim como o personalismo teve seu grande pensador, Giovanni Rossi, o controlismo teve Carlo Ghidiglia. Este admitia a contabilidade como ciência, que tem a seu cargo a regulação de todas as ações que se relacionam com a riqueza e com as necessidades humanas, constituindo uma hierarquia para o estudo dos fenômenos: da riqueza, das funções da riqueza e dos agregados da riqueza.

Os opositores da corrente controlista afirmavam que não é a contabilidade que serve de controle. Ao contrário: este serve àquela.

Ícones do controlismo
Carlo Ghidiglia (1883)
Fábio Besta (1891)

3.1.6. Aziendalismo

Na busca de encontrar o campo e o objeto de estudos da ciência contábil, alguns pesquisadores fizeram surgir uma nova corrente que pregava a existência dos sistemas de ciências que cuidavam de fenômenos ocorridos nesse mundo particular, o que inspirou o aziendalismo. Antes de se desenvolver como grande escola de pensamento italiano, teve suas origens com pesquisadores de diversas partes do mundo, como, por exemplo, Jean Gustave Courcelle-Seneuil (França), Leo Gomberg (Rússia), Johann Friedrich Schar (Suíça), bem como Heinrich Nicklisch e Rudolf Dietrich (Alemanha).

Courcelle-Seneuil sustentava seu ponto de vista sobre um complexo entendimento de toda a empresa como objeto comum científico, já iniciado por Cerboni e sustentado por Rossi, quando admitiam um raciocínio de unidade de funções dentro da *azienda*.

Foi Leo Gomberg o primeiro a falar de uma economia aziendal, que mais tarde se tornaria, na Itália, a corrente aziendalista. Ele estabeleceu a relação de causa e efeito para os fenômenos patrimoniais, relacionando o efeito ao débito e a causa ao crédito. Além disso, conceituava que o ativo era o efeito do passivo.

52 TEORIA DA CONTABILIDADE

Rudolf Dietrich, por sua vez, acrescentou a visão de dinâmica patrimonial em seus estudos do aziendalismo socialista. Ele entendia que os fatores homem, natureza e trabalho só poderiam estar organizados para atender o social e que o lucro deveria ser considerado como um fator patológico.

Os aziendalistas se preocupavam em estudar o conjunto de ciências que tratavam a *azienda* como campo de aplicação, composto pela administração, pela organização e pela contabilidade, sendo cada ciência apenas parte desse conjunto. De acordo com seus adeptos, os fenômenos a estudar são os aziendais e admitem a contabilidade apenas como arrolamento de fatos patrimoniais, restringindo-lhe o campo.

Gino Zappa defendia a economia aziendal, limitando a contabilidade aos levantamentos ou às exposições da riqueza, mas não apresentou essência para justificar tal classificação. Ele sustentava que isolar os fenômenos é uma falha, pois esses se formam por meio de um complexo que deve ser estudado. Além disso, desaprovava a alta importância dada à conta, que, na realidade, por si só, não traz informação alguma, sendo mero instrumento de registro que deve ser congregado com outros elementos para obter as informações.

Para Zappa, o capital é composto por um fundo de valores e não somente por moeda. Ele sustentava ainda que, na economia, o rédito é que faz o capital e, em contabilidade, é o capital que faz o rédito.

Vincenzo Masi se posicionou contra o aziendalismo alegando que o objeto de estudo da contabilidade é bem mais amplo do que apenas o levantamento quantitativo da riqueza administrativa. De maneira idêntica, pensadores de diversos países não concordaram com a observação apenas quantitativa dos fenômenos, sustentada pelos economistas aziendais. Segundo eles, a observação qualitativa também deve ser considerada na análise contábil.

Há ainda outro defensor da corrente aziendalista, o italiano Pietro Onida, que considerava objeto da economia aziendal o estudo da vida econômica da *azienda*, relativo à organização e à gestão.

Para alguns estudiosos da contabilidade, a corrente aziendalista cometeu o mesmo erro dos personalistas. Enquanto estes tinham o foco do patrimônio no direito, aqueles estavam direcionados para a economia.

Ícones do aziendalismo
Jean Gustave Courcelle-Seneuil (1813)
Leo Gomberg (1903)
Johann Friedrich Schar (1846)
Heinrich Nicklisch (1876)
Rudolf Dietrich (1914)
Gino Zappa (1879)
Pietro Onida (1902)

3.1.7. Reditualismo

Foi uma corrente de pensadores que se destacou principalmente na Alemanha, tendo como maior ícone Eugen Schmalenbach. Além dele, destacaram-se também W. Malhberg, Erwin Geldmacher, M. R. Lehmannn, E. Walb e Frederich Leiter. Os reditualistas defendiam que o objeto de estudo da contabilidade era o resultado (lucro ou prejuízo), pois a continuidade da empresa dependia do reconhecimento da perda ou do lucro.

Os reditualistas analisavam a dinâmica da riqueza patrimonial, mas desprezavam a estrutura dos itens do patrimônio. Schmalenbach concebia os aspectos do patrimônio em sua dinâmica, dando a ela o foco temporal não coincidente com o ano calendário, mas com o ciclo operacional de cada empresa. O reditualismo não ganhou força como escola, pois até mesmo diversos seguidores dos conceitos de Schmalenbach criticavam seu objeto de estudo, argumentando que o rédito é o efeito da dinâmica patrimonial e não a sua causa.

54 TEORIA DA CONTABILIDADE

Ícones do reditualismo
Eugen Schmalenbach (1873)
W. Malhberg
Erwin Geldmacher (1885)
M. R. Lehmannn
E. Walb
Frederich Leiter

3.1.8. Patrimonialismo

Essa corrente de pensadores surgiu na segunda década do século XX e teve como precursor Vincenzo Masi. Para ele, o objeto de estudo da contabilidade deveriam ser os fenômenos do patrimônio aziendal, divididos em estática patrimonial, dinâmica patrimonial e levantamento patrimonial. Segundo Masi, as características desses aspectos seriam as seguintes:

- *Estática patrimonial*: examinava a estrutura e a composição do grande sistema da riqueza aziendal;
- *Dinâmica patrimonial*: abordava toda a movimentação dessa e trutura, seja sob o aspecto qualitativo dos itens, seja pelas suas expressões de valor (mensuração e avaliação);
- *Levantamento patrimonial*: constituía a base racional para fazer as relações, com viés científico, entre a estática patrimonial e a dinâmica patrimonial.

Segundo esse estudioso, deve-se dar importância não somente ao aspecto quantitativo do patrimônio, mas também ao qualitativo, evidenciando que muito se extrai da informação sobre o estado patrimonial se forem observados os aspectos citados em conjunto, não se fazendo distinção entre eles.

Masi teve como inspiração as obras de Besta, embora tivesse seu próprio objeto de estudo. O patrimonialismo somente evoluiu como corrente de pensamento contábil com sua consequente divulgação fora da Itália, pois, internamente, os aziendalistas formaram uma forte escola. Masi adotava a posição de que o mais importante como objeto

Capítulo 3 – As escolas ou doutrinas na história da contabilidade **55**

de estudo é a essência dos fatos e não a sua forma de apresentação, colidindo com a ideia fundamental nos estudos feitos pelas demais escolas de pensamento.

Essa escola pregava que a concepção de contabilidade como ciência do patrimônio não destrói as pesquisas do passado, mas sim soma-se ao arcabouço dos conhecimentos existentes, o que faz aumentar a cientificidade da contabilidade.

Outra importância dada por Masi era a diferenciação entre as modalidades de *aziendas* em empresas, que têm por finalidade principal a obtenção do lucro, e as instituições sem fins lucrativos. Além disso, Masi também se preocupou em conceituar o capital como um componente de riqueza em constante movimentação, e que esse capital é estruturado em capital fixo, destinado ao uso produtivo, e circulante, destinado à realização do objetivo da *azienda*.

Outros pensadores se destacaram na escola patrimonialista. Em Portugal, Jaime Lopes Amorim, por volta de 1929, preocupava-se principalmente com a função do equilíbrio patrimonial e tomou tal posição como a que forma o objeto de estudos da contabilidade. Segundo ele, o movimento que gera o fenômeno patrimonial nasce da ação administrativa e sua finalidade é a preservação de um estado de equilíbrio. Sustentava ainda, além de suas leis, as hipóteses quanto ao que ocorria com a situação líquida da empresa, divergindo das ideias de Masi.

Também de Portugal, Fernando Vieira Gonçalves da Silva, outro seguidor da escola patrimonialista, sustentava que todas as escolas se interligavam. Segundo ele, a contabilidade não se distingue apenas pelos processos de notação ou revelação utilizados, mas também pela natureza dos fenômenos que lhe cumpre revelar e pelos objetivos da mesma revelação. Entendia tratar-se a contabilidade de uma forma de observação econômica e um conjunto de processos e de preceitos atinentes à classificação, ao registro e ao controle dos valores sujeitos a uma gestão, e que, do ponto de vista do administrativo, o aspecto patrimonial das operações efetuadas prevalece sobre todos os demais.

Em 1929, Francisco D'Áuria disseminava no Brasil suas ideias patrimonialistas, tomando como base as de Fábio Besta, da corrente

56 TEORIA DA CONTABILIDADE

controlista. Admitia que a finalidade dos estudos devia ser a da administração econômica, para que houvesse um controle efetivo do patrimônio das *aziendas*. Desde 1928 seus estudos estavam direcionados para a prática contábil com enfoque patrimonialista, mas somente em 1949, com a publicação de suas obras, é que ele ficou em evidência. Sua linha de pesquisa foi seguida por estudiosos e por escritores brasileiros, como, por exemplo, Frederico Herrmann Júnior, Hilário Franco, Alberto Almada Rodrigues, Américo Matheus Florentino, Álvaro Porto Moitinho, Tolstoi Claderciano Klein e Olívio Koliver.

Frederico Hermann Junior também considerava ser o patrimônio o objeto de estudo da contabilidade, aliando-se, assim, ao pensamento de Masi, e que seu objetivo é gerenciar este patrimônio. Argumentava que o patrimônio é uma grandeza real e que o capital representado pela riqueza acumulada deve ser conservado e renovado para manter sua utilidade potencial.

Hilário Franco recebeu o prêmio de melhor tese no V Congresso Brasileiro de Contabilidade, em 1950. Inaugurava-se o que alguns chamam de fase pré-filosófica da contabilidade no Brasil, em função da sua elevada qualidade intelectual.

De acordo com estudiosos, a corrente patrimonialista é uma das mais poderosas e importantes correntes de pensamento doutrinário da contabilidade, pois atribuiu ao patrimônio o objeto principal de seu estudo. Essa corrente proclamou a chamada autonomia científica da contabilidade, evidenciando que ela se ligava a diversas outras ciências, mas que possuía as características para ser chamada de ciência: possui objeto, finalidade e metodologia própria.

Ícones do patrimonialismo
Vincenzo Masi (1923)
Jaime Lopes Amorim (1929)
Fernando Vieira Gonçalves da Silva (1933)
Francisco D'Áuria (1929)

Capítulo 3 – As escolas ou doutrinas na história da contabilidade **57**

Ícones do patrimonialismo
Frederico Hermann Junior (1934)
Hilário Franco (1950)

3.1.9. Universalismo

A corrente de pensadores do universalismo surgiu com o francês René Delaporte, em 1930. Ele afirmava que a contabilidade é a ciência das contas, aplicada aos movimentos dos ciclos de quaisquer operações, para enumerar, agrupar e classificar o seu objeto, com o objetivo de tirar conclusões expressas, sob a forma de números, de acordo com o espírito de cada uma das ciências que ela utiliza. Ainda, conforme este estudioso, a referida ciência aplica-se universalmente a todas as demais, segundo uma adoção de suas contas que permanece em uma generalidade científica.

No Brasil, Francisco D'Áuria, baseado nas ideias patrimonialistas que pregava em seus estudos e publicações, sugeriu que haveria possibilidade de generalizar a contabilidade, dando a ela uma amplitude tão grande que nenhum sistema do universo pudesse escapar à sua alçada.

Ícones do universalismo
René Delaporte (1930)
Francisco D'Áuria (1929)

3.1.10. Neopatrimonialismo

O neopatrimonialismo teve sua origem com o estudioso Antônio Lopes de Sá. Segundo se tem notícia, sua primeira divulgação ocorreu no Brasil, em 1988. Após, em 1990, o teórico apresentou seus achados na Espanha. Segundo o próprio estudioso, o neopatrimonialismo ainda não se constitui em uma escola de pensamento, pois muito ainda deve ser estudado e divulgado para que se possa admitir a formação de tal corrente.

Os estudos dessa corrente concentram-se em obter uma filosofia do fenômeno patrimonial, organizando logicamente as relações que são res-

58 TEORIA DA CONTABILIDADE

ponsáveis pelas causas dos fatos, distinguindo-as em relações lógicas nos seguintes tipos:

- *Relações essenciais:* compreendem a necessidade, a finalidade, o meio patrimonial e a função;
- *Relações dimensionais:* referem-se às relações de causa, efeito, tempo, espaço, qualidade e quantidade;
- *Relações ambientais:* são compostas pelas relações de natureza administrativa, pessoal e econômica.

Segundo Lopes de Sá, a tendência neopatrimonialista aponta para um aspecto holístico do fenômeno patrimonial, advindo dos muitos axiomas, teoremas e teorias que brotaram acerca da contabilidade nos séculos XIX e XX, bem como do seu expressivo desenvolvimento a partir da década de 1960, em termos de normas de registro e demonstrações.

Ícone do neopatrimonialismo
Antônio Lopes de Sá (1988)

3.2. OS MODELOS DE CONTABILIDADE ADOTADOS NO MUNDO

Neste tópico há uma breve exposição dos modelos de contabilidade adotados na Europa e na América, mais especificamente nos Estados Unidos, e são baseados na revisão de Iudícibus (2009). O objetivo é trazer aspectos importantes e esclarecedores acerca das características desses dois grandes modelos fundamentais para a evolução e a afirmação da contabilidade atual do Brasil.

3.2.1. O modelo europeu

Após o surgimento inicial do método contábil na Itália, possivelmente no século XIII ou no XIV, da sua divulgação no século XV, com a obra de Luca Pacioli, e da disseminação da escola italiana por toda a Europa, surge no século XIX um período que muitos denominam de científico, outros denominam de romântico. Foi nesse período que, talvez pela primeira vez, a teoria contábil avançou com relação às necessidades e às reais complexidades das sociedades. Essa fase também teve seus expoentes máximos na Itália, que dominou o cenário contábil provavelmente até as duas primeiras décadas do século XX.

Foi no final desse período científico ou romântico, ou em seus limites, que surgiram os grandes ícones, como, por exemplo, Fábio Besta e Giuseppe Cerboni. Após, no fim do século XIX e no início do século XX, Gino Zappa e outros. Mais recentemente, destacaram-se Aldo Amaduzzi, Teodoro D'Ippolito e muitos outros. Seus estudos tiveram grande repercussão na época e provocaram grandes discussões entre os adeptos de uma e de outra escola. Esse fato comprova o interesse com que camadas de estudantes acompanhavam o desenvolvimento da contabilidade. Nessa safra é possível encontrar trabalhos de excepcional valor para a época.

Possivelmente, por causa da falta de aplicação e de comprovação quanto a algumas de suas ideias e também ao excessivo culto da personalidade que se desenvolveu entre mestres e discípulos, aos poucos a escola italiana foi perdendo força, substância e ímpeto. Vinculada a um excessivo culto da personalidade, não amparada, usualmente, por uma pesquisa indutiva de vulto e baseada em concepções generalizantes de algumas pessoas mais privilegiadas, produziu trabalhos repetitivos, excessivamente teóricos, apenas pelo gosto de o serem. Além disso, não se percebia um alinhamento dos autores aos princípios da pesquisa, mas apenas uma livre difusão de suas ideias.

É evidente que existem exceções, como, por exemplo, a obra *Storia della ragioneria*, de Federigo Melis, escrita na primeira metade do século XX, um clássico em termos de contabilidade e modelo de pesquisa profunda. Há ainda trabalho de Fábio Besta, *La ragioneria,* em três volumes, de 1891, considerada uma das melhores obras já escritas sobre contabilidade, no mesmo nível do trabalho de Hendriksen, muito mais recente, e de Mattessich, de 1964. Apesar das críticas que muitos autores fazem ao modelo italiano, o legado deixado por ele e pelos demais europeus, entre os quais se destacam os alemães e os ingleses, pode ser considerado como altamente positivo.

Os italianos e alemães quiseram dar à contabilidade uma roupagem excessivamente vistosa, e, assim mesmo, na época conseguiram vender ao mundo essa imagem. O enquadramento contábil como elemento fun-

60 TEORIA DA CONTABILIDADE

damental da equação aziendalista teve o mérito incontestável de chamar a atenção para o fato de que a contabilidade é muito mais que mero registro, é um dos principais instrumentos de gestão.

Os principais defeitos da escola europeia foram os seguintes:

- Falta de pesquisa indutiva sobre a qual efetuar generalizações mais eficazes;
- Demasiada preocupação com a demonstração de que a contabilidade é ciência, quando o mais importante é conhecer bem as necessidades informativas dos vários usuários da informação contábil, além de construir um modelo ou um sistema contábil de informação adequado;
- Excessiva ênfase na teoria das contas, ou seja, no uso exagerado das partidas dobradas, inviabilizando, eventualmente, a flexibilidade, necessária na contabilidade gerencial;
- Falta de aplicação de muitas das teorias expostas, talvez por imaturidade dos sistemas econômico e institucional;
- Na queda de nível de algumas das principais faculdades, principalmente italianas, com excesso de alunos e professores mal remunerados, trabalhando cada um por sua conta e risco, dando expansão mais à imaginação do que à pesquisa séria de campo e de grupo.

Em virtude de algumas particularidades da legislação comercial, principalmente na Itália, o grau de confiabilidade e a importância da auditagem ainda não eram tão enfocados se comparados aos Estados Unidos. Um corpo de auditores externos, altamente qualificados, seria essencial para testar os demonstrativos e para discutir, à luz da praticabilidade e da objetividade, as várias teorias contábeis.

Esse conjunto de fatores desfavoráveis foi acentuando-se a partir de 1920, com a ascensão econômica e cultural dos Estados Unidos. Atualmente, inclusive na Itália, nas faculdades do norte do país, muitos textos apresentam influência norte-americana e as principais empresas contratam na base da experiência contábil de mesma inspiração. Nos últimos anos, como consequência das necessidades informativas

Capítulo 3 – As escolas ou doutrinas na história da contabilidade **61**

de uma economia global, existe um grande esforço de harmonização contábil internacional aproximando os vários modelos.

Algumas datas e eventos importantes na evolução histórica da contabilidade (Escola Italiana)	
1202	*Leonardo Fibonacci* publica seus *Liber abaci*, um compêndio sobre cálculo comercial que demarca, segundo Federigo Melis, o limite entre a era da contabilidade antiga e a era da contabilidade moderna. Temos, até 1494, data da famosa obra de Pacioli, uma série de trabalhos sobre práticas comerciais, dos quais o de Fibonacci é um dos exemplos. Esses trabalhos são importantes, pois difundem não apenas o mecanismo de funcionamento das instituições jurídicas e comerciais, mas também os usos e os costumes do comércio. Entretanto, o trabalho de Fibonacci é mais sobre cálculo do que sobre práticas comerciais. Normalmente, não existe nesses trabalhos nenhuma pretensão científica, como afirma V. Alfieri em seu artigo, publicado na *na Rivista italiana di ragioneria,* em 1918. Melis delimita até a metade do século XIII o uso de partidas simples, e, a partir daí, começam a aparecer exemplos (embora incompletos) de partidas dobradas apenas nos grandes empreendimentos, continuando os menores a adotar a partida simples, mesmo bastante tempo após o trabalho de Pacioli. Seguramente, embora haja diferenças de opiniões sobre em que região da Itália teria sido utilizada pela primeira vez a partida dobrada, ela foi aplicada antes do livro de Pacioli, provavelmente entre 1280 e 1335. O *Giornale dal libro segreto di giotto de peruzzi,* de 1308, é um caso evidente de emprego das partidas dobradas, com algumas falhas. Possivelmente, porém, esse comerciante, desde 1292, utilizava o método, em Florença. Os mais importantes livros dos Peruzzi, todavia, são *Libro dell'asse sesto e Libro segreto sesto,* de 1335-1343.
1340	*Francesco di Balduccio Pegolotti* escreve *La pratica della mercatura,* uma espécie de enciclopédia do comerciante da época e obra fundamental para a análise da evolução da contabilidade e dos usos e costumes comerciais.
1458	*Benedetto Cotrugli* lança *Della mercatura et del mercante perfetto,* publicado apenas em 1573. Segundo Federigo Melis, alguns autores viram nesse trabalho uma etapa fundamental da história da contabilidade.
1494	*Luca Pacioli* publica, em Veneza, a *Summa de aritmetica geometria, proportioni et proporgionalitá,* na qual se distingue, para a história da contabilidade, o *Tractatus de computis et scripturis,* marco básico da evolução da contabilidade. Nesse tratado, talvez pela primeira vez, o método contábil é explicado integralmente com base no inventário. Pacioli é considerado, portanto, o "pai dos autores de contabilidade".
1558	*Alvise Casanova* publica um trabalho de título estranho e muito longo, *Spechio lucidissimo nel quale si devono essere deffinito tutti i modi, et ordini de scrittura, che si deve menare nelli negoziamenti della mercantia, cambii, recambii, con li loro corrispondentie, disgarbugliando, et illuminando l'intelletto a' negotianti, opera non piu veduta.* Apesar disso, foi um trabalho notável para a

62 TEORIA DA CONTABILIDADE

Algumas datas e eventos importantes na evolução histórica da contabilidade (Escola Italiana)

1558	época. Depois da obra de Pacioli, muitos tratadistas apareceram na Itália e em outros países, melhorando aqui e acolá um ou outro detalhe da obra do mestre; permanece, porém, insuperado seu trabalho por dezenas de anos. Portanto, não citamos outros autores até Angelo Pietra.
1586	*Angelo Pietra* publica seu *Indirizzo degli economi o sai ordinatissima instruttione da regolatamente formare qualunque scrittura in un libro doppio.* O interesse especial na obra de Pietra é a aplicação do método contábil na administração de seu convento e a referência a aplicações bancárias, mercantis e patrimoniais. É, talvez, o primeiro autor a escrever sobre previsões orçamentárias.
1636	*Ludovico Flori* publica *Tratato del modo di tenere il libro doppio domestico col suo esemplare,* trabalho que, sempre segundo Melis, alcança o ponto mais alto da contabilidade italiana até o século XIX. A finalidade do trabalho é a mesma da obra de Pietra: descrever a aplicação do método das partidas dobradas aos mosteiros; entretanto, foi mais feliz que seu predecessor. Tendo em vista a afirmação anterior, considerando-se que os autores italianos dominam a contabilidade até o início do século XX e levando-se em conta, ainda, que o século XVIII é considerado como o de decadência para a contabilidade italiana, saltaremos diretamente para o século XIX, o mais importante, possivelmente, para a escola europeia e, em particular, para a italiana.
1803	*Niccolo D'Anastasio* publica *La scritura doppia ridotta a scienza,* primeira preocupação, portanto, de demonstrar o caráter científico da contabilidade.
1838	*Giuseppe Ludovico Crippa* publica *publica La scienza dei conti ossia l'arte di tenere i libri e compilare i bilanci di ogni azienda.* Seu trabalho foi importante, pois foi precursor da teoria econômica das contas.
1840	Início da *Contabilidade científica, Francesco Villa* publica *La contabilitá applicata alle amministrazioni private e publiche.* Esse tratado é considerado pelos autores italianos como o demarcador do início da fase em que a contabilidade se afirma como ciência. Francesco Villa é também considerado "pai da contabilidade italiana". Escreveu outros importantes trabalhos após 1840.
1867	*Francesco Marchi* edita *I cinquencontisti, ovvero la ingannevole teoria che viene insegnata intorno il sistema di scritture a partita doppia e nuovo saggio per la facile intelligenza ed applicazione di quel sistema.* .É uma crítica feroz ao trabalho de Degranges e, em seguida, apresenta de forma completa a teoria personalista das contas, classificando-as em quatro categorias: do proprietário, do gerente ou administrador, dos consignatários e dos correspondentes.
1873	*Giuseppe Cerboni* publica *publica Primi saggi di logismografia.* Em 1886, escreve seu melhor trabalho, denominado *La ragioneria scientifica e le sue relazioni com le discipline amministrative e sociali, in due volumi.* Cerboni notabilizou-se, além da aplicação da partida dobrada na forma logismográfica, por

Capítulo 3 – As escolas ou doutrinas na história da contabilidade **63**

	Algumas datas e eventos importantes na evolução histórica da contabilidade (Escola Italiana)
1873	ter aprofundado a teoria personalística das contas de Marchi e como contador governamental. Seu trabalho citado, de 1886, é considerado uma das obras-primas da contabilidade, em todos os tempos. Vários seguidores de Cerboni realizaram aprofundamentos parciais de sua obra, como Giovanni Rossi, Giovanni Massa, Clitofonte Bellini e outros.
1891	*Fábio Besta* publica o primeiro volume e parte do segundo de seu ciclópico trabalho *La ragioneria*, que aparece em sua edição completa, de três volumes, pela primeira vez, em 1909-1910. Com Fábio Besta, vulto insuperado e talvez insuperável da contabilidade, inicia-se a era do controle. Para ele, a contabilidade é a ciência do controle econômico. Além de autor inspirado, é um pesquisador histórico e indutivo. Escrutinou arquivos e bibliotecas italianos e estrangeiros. Um de seus grandes méritos é ter delimitado o campo de aplicação da contabilidade; ao contrário de Cerboni, entretanto, aprofundou-se sobremaneira no estudo do controle. Podemos dizer que Besta foi o primeiro e é o maior contador moderno. Muitas teorias hoje tornadas famosas pelos autores norte-americanos tiveram seu primeiro expositor em Besta. Além da ciência do controle, Besta desenvolve a teoria materialística das contas, destruindo o trabalho personalístico de Marchi e de Cerboni. Besta, juntamente com Pacioli, é, em nossa opinião, o maior vulto da contabilidade, até o momento, em todos os tempos. Teve vários seguidores, entre eles: Vittorio Alfieri, Francesco de Gobbis, Vincenzo Vianello, Pietro Rigobon e Pietro D'Alvise. Digno de nota é o trabalho de Emanuele Pisani que, em 1875, apresenta seu *Statmografia*, manuscrito, em um concurso; mais tarde publicado como *La statomografia applicata alle aziende private* (1880) e *La statomografia, applicazione alle aziende pubbliche* (1886). Pisani é um intermediário entre Cerboni e Besta. Na teoria das contas, aproxima-se de Besta e de Cerboni na forma escritural excogitada, a qual, como a de Cerboni, é uma forma sinóptica de partida dobrada.

Quadro 5 – Algumas datas e eventos importantes na evolução histórica da contabilidade (Escola Italiana)

Fonte: Adaptado de Iudícibus (2009, p. 26-7).

3.2.2. O modelo norte-americano

O surgimento das gigantescas corporações nos Estados Unidos, principalmente no início do século XX, aliado ao grande desenvolvimento do mercado de capitais e ao elevado ritmo de desenvolvimento desse país, constitui um campo fértil para o avanço das teorias e das práticas contábeis norte-americanas. Não se pode esquecer, também, de que os Estados Unidos herdaram da Inglaterra uma excelente tradição no campo da auditoria.

A evolução e a afirmação da contabilidade nos Estados Unidos apoiaram-se, portanto, em um sólido embasamento, como, por exemplo:

64 TEORIA DA CONTABILIDADE

- No grande avanço e no refinamento das instituições econômicas e sociais;

- O investidor médio é um homem que deseja estar permanentemente bem informado, colocando pressões não percebidas no curtíssimo prazo, mas frutíferas nos médio e longo prazos, sobre os elaboradores de demonstrativos financeiros, no sentido de que sejam evidenciadores de tendências;

- O governo, as universidades e as associações de contadores gastam grandes quantias para pesquisas sobre princípios contábeis;

- O Instituto dos Contadores Públicos Americanos é um órgão atuante em matéria de pesquisa contábil, diferente do que ocorre em outros países;

- Mais recentemente, a criação do FASB (*Financial Accounting Standard Board*) e, há alguns anos, da SEC (*Securities and Exchange Commission*, equivalente à CVM do Brasil) tem propiciado grandes avanços na pesquisa sobre procedimentos contábeis.

O surgimento do AICPA (*American Institute of Certified Public Accountants*) e o ano de 1930, quando se tornou mais ativo, têm uma importância decisiva no desenvolvimento da contabilidade e dos princípios contábeis. Os *Special Commitees*, *The Accounting Research Division*, *The Accounting Principles Board* (APB) e, mais recentemente, o *Financial Accounting Standards Board* (FASB) têm promovido diversos estudos e pesquisas, além de emitir opiniões sobre áreas de interesse da contabilidade. Outras associações e entidades, como a AAA (*American Accounting Association*), a SEC (*Securities and Exchange Commission*, a CVM deles, equivalente à nossa Comissão de Valores Mobiliários) e a NYSE (*New York Stock Exchange*, a Bolsa de Nova York), têm tido alguma participação na fase de discussão sobre princípios, procedimentos e normas de contabilidade.

O FASB consegue até formar comissões com a participação, em tempo integral, de membros influentes das profissões contábil e auditora. A interação entre acadêmicos e profissionais de contabilidade é intensa, reconhecendo cada grupo a contribuição e os méritos do outro. Aos poucos, o FASB consegue desenvolver uma doutrina de princípios

Capítulo 3 – As escolas ou doutrinas na história da contabilidade **65**

contábeis, o que demonstra uma evolução qualitativa da referida ciência. Não se pode esquecer, também, de que a evolução da teoria contábil americana influenciou algumas revistas especializadas, quase todas de grande qualidade, principalmente no campo acadêmico, como, por exemplo, *The accounting review*, editada pela AAA, hoje considerada por muitos uma das quatro melhores do gênero em todo o mundo.

O desenvolvimento da teoria e das práticas contábeis americanas foi baseado no trabalho de equipe, o que não quer dizer que não tenham surgido ícones individuais, tais como Littleton, Paton, Sprouse, Moonitz, Anthony, mais recentemente Horngren e muitos outros.

Nos livros mais introdutórios sobre contabilidade, a essência da obra de autores americanos é a clareza e a didática da exposição. Esses livros partem de uma visão de conjunto de relatórios emanados, entre os quais o balanço patrimonial, para, a partir daí, descer ao nível de detalhe dos lançamentos originários. O aluno tem muito mais interesse e facilidade em aprender dessa forma do que na ordem inversa, pois é assim que evoluiu, historicamente, a contabilidade. Primeiramente, fizeram-se inventários, em momentos distintos, a fim de apurar a variação da riqueza, para depois imaginarem as formas de registro das operações elementares.

As partidas dobradas são explicadas como resultado de um raciocínio algébrico, sem se preocupar em enxergar pessoas atrás de cada conta, ideia sustentada pelos estudiosos da corrente personalista. Nos textos americanos, percebe-se a preocupação com o usuário da informação contábil, e a contabilidade é sempre utilizada e apresentada como algo útil para a tomada de decisões.

No entanto, o modelo norte-americano apresenta alguns defeitos, tais como:

- Pouca importância atribuída à sistematização dos planos de contas, pelo menos nos livros-texto;
- Apresentação dos tópicos dos livros de forma não ordenada, dificultando distinguir, às vezes, os de maior importância;
- Pouca consideração, por parte dos corpos responsáveis pela edição de princípios contábeis, pelo menos até pouco tempo atrás – pelo problema inflacionário, embora algumas das melhores

66 TEORIA DA CONTABILIDADE

obras sobre contabilidade e flutuação de preços tenham sido escritas por autores americanos e alemães.

Considerando o progresso já alcançado, as grandes quantias ainda investidas na pesquisa contábil e a posição de potência econômica mundial que ainda sustenta, dificilmente a escola norte-americana deixará de continuar a produzir notáveis progressos para a contabilidade.

3.2.3. Comparativo entre os modelos europeu e americano de contabilidade

Baseado nos relatos dos tópicos anteriores, é possível traçar um comparativo entre os modelos europeu, dominado pelos italianos, e americano (ou norte-americano), praticado nos Estados Unidos.

Modelo europeu

Exagerado culto à personalidade: grandes mestres e pensadores da contabilidade ganharam tanta notoriedade que passaram a ser vistos como senhores da verdade contábil, uma espécie de semideuses.

Destaque a uma contabilidade essencialmente teórica: os ícones individuais produziam trabalhos teóricos excessivos, apenas pelo gosto de serem teóricos, difundindo-se ideias com pouca aplicação prática. Preocupavam-se principalmente em divulgá-las, sem demonstrar a real utilidade da contabilidade.

Inexpressiva importância à auditoria: principalmente na legislação italiana, em que o grau de confiabilidade e a importância da auditoria não eram ressaltados. Não dava importância na certificação da veracidade dos registros e das informações contábeis.

Queda do nível das principais faculdades: principalmente das faculdades italianas, abarrotadas de alunos.

Foco no usuário da informação contábil: a contabilidade é apresentada como algo útil que serve para a tomada de decisões. O objetivo é atender os usuários internos e externos.

Destaque para a contabilidade aplicada: principalmente a contabilidade gerencial. Ao contrário do modelo europeu, não havia uma preocupação com a teoria das contas, tampouco na ideia de querer provar que a contabilidade é uma ciência.

> **Modelo europeu**
>
> **Elevada importância à auditoria:** como herança dos ingleses e transparência para os usuários dos relatórios contábeis, a auditoria é muito enfatizada.
>
> **Universidades em busca de qualidade:** grandes quantias destinadas para as pesquisas no campo contábil, o professor em dedicação exclusiva e o aluno em período integral valorizaram o ensino da contabilidade nos Estados Unidos.

3.2.4. A contabilidade no Brasil

A contabilidade no Brasil teve um desenvolvimento muito menor se comparado com o desenvolvimento de outras ciências. Os profissionais e os estudantes da matéria, até bem pouco tempo, dispunham de bibliografia restrita, e os bons textos disponíveis, entre livros e artigos, ou eram de origem estrangeira, ou, quando nacionais, traduziam conceitos fora da nossa realidade econômica.

A partir das três últimas décadas do século XX, começaram a surgir trabalhos realmente adequados à realidade brasileira, muito disso decorrente dos esforços de alguns profissionais da área, que, aliando seus conhecimentos acadêmicos à sua ampla experiência pragmática, trouxeram uma real contribuição ao desenvolvimento da contabilidade brasileira.

Contudo, voltando às origens, o Brasil foi fortemente influenciado pela escola italiana. As discussões em torno das escolas reditualista, patrimonialista, contista e materialista foram quase tão intensas aqui quanto na Itália.

Provavelmente, a primeira escola especializada no ensino da contabilidade foi a Escola de Comércio Álvares Penteado, criada em 1902. Produziu alguns professores excelentes, como Francisco D'Áuria, Frederico Herrmann Júnior, Coriolano Martins e muitos outros. No entanto, com a fundação da Faculdade de Ciências Econômicas e Administrativas da USP, em 1946, e a instalação do curso de Ciências Contábeis e Atuariais, o Brasil ganhou o primeiro núcleo efetivo de pesquisa contábil nos moldes norte-americanos, ou seja, com docentes dedicando-se em tempo integral ao ensino e à pesquisa, produzindo

68 TEORIA DA CONTABILIDADE

artigos de maior conteúdo científico e escrevendo teses acadêmicas de alto valor.

Talvez as empresas de auditoria de origem anglo-americana tenham sido as mais antigas influências no sentido de americanizar as normas e os procedimentos de contabilidade em nosso país. No início, estas empresas levaram uma grande vantagem, em termos de auditoria, sobre as similares puramente nacionais, em função da sólida tradição e da estrutura preexistentes, dos procedimentos e dos manuais adotados e da mentalidade de treinamento existente. Aos poucos, a maioria delas foi associando-se a empresas nacionais, e a influência dessas era grande.

Se considerarmos que quase todas as grandes multinacionais, bem como suas filiais, suas controladas ou coligadas são auditadas, veremos que a influência sobre os procedimentos adotados foi acentuada e deve ter influenciado os legisladores. Alguns profissionais, inclusive, que participaram da elaboração das diretrizes contábeis governamentais foram ou são pertencentes a grandes empresas de auditoria independente. Assim, a importância dessa orientação é fundamental para compreender a passagem da orientação europeia para a norte-americana.

Assim, o Brasil tem todas as possibilidades de progredir, pois foi influenciado pelas duas grandes tendências contábeis. Nosso país identificou os pontos fortes e os pontos fracos de cada uma delas e tem condições, inclusive, de solidificar uma verdadeira escola brasileira de contabilidade.

Além disso, é importante levar em consideração que o atual processo de convergência com as Normas Internacionais de Contabilidade (IFRS) está levando a contabilidade do Brasil para um padrão internacional, fazendo com que as informações contábeis aqui registradas e divulgadas sejam cada vez mais confiáveis.

capítulo . 4

Reconhecimento e mensuração

Como já foi dito anteriormente nesta obra, as informações oriundas das demonstrações contábeis são elaboradas e apresentadas para usuários internos e externos em geral, tendo em vista suas finalidades distintas e necessidades diversas. Certos usuários, por exemplo, podem determinar especificamente exigências para atender a seus próprios interesses. No entanto, essas exigências não devem afetar as demonstrações contábeis elaboradas de acordo com a Estrutura Conceitual parametrizada pelo Conselho Federal de Contabilidade (CFC).

Demonstrações contábeis elaboradas dentro do que prescreve a Estrutura Conceitual objetivam fornecer informações que sejam úteis na tomada de decisões econômicas e avaliações por parte dos usuários em geral, não tendo o propósito de atender finalidade ou necessidade específica de determinados grupos de usuários. Elas satisfazem as necessidades comuns da maioria dos seus usuários, uma vez que quase todos eles utilizam essas demonstrações contábeis para a tomada de decisões.

Nesse contexto, o Conselho Federal de Contabilidade (CFC) editou a Resolução CFC nº 1.374/2011 (NBC TG ESTRUTURA CONCEITUAL), a qual deu nova redação e revogou a Resolução CFC nº 1.121/08. O principal motivo que levou a essa alteração dessa legislação foi a edição, pelo Comitê de Pronunciamentos Contábeis (CPC), do "Pronunciamento Conceitual Básico (R1) – Estrutura Conceitual para a Elaboração e Divulgação de Relatório Contábil-Financeiro", baseado em *The conceptual Framework for Financial Reporting* (IASB – BV 2011 Blue Book).

70 TEORIA DA CONTABILIDADE

A Estrutura Conceitual estabelece os conceitos que fundamentam a preparação e a apresentação de demonstrações contábeis destinadas a usuários externos, e sua finalidade é:

a) dar suporte ao desenvolvimento de novas normas, interpretações e comunicados técnicos e à revisão dos já existentes, quando necessário;

b) dar suporte à promoção da harmonização das regulações, das normas contábeis e dos procedimentos relacionados à apresentação das demonstrações contábeis, provendo uma base para a redução do número de tratamentos contábeis alternativos permitidos pelas normas, interpretações e comunicados técnicos;

c) dar suporte aos órgãos reguladores nacionais;

d) auxiliar os responsáveis pela elaboração das demonstrações contábeis na aplicação das normas, interpretações e comunicados técnicos e no tratamento de assuntos que ainda não tenham sido objeto desses documentos;

e) auxiliar os auditores independentes a formar sua opinião sobre a conformidade das demonstrações contábeis com as normas, interpretações e comunicados técnicos;

f) auxiliar os usuários das demonstrações contábeis na interpretação de informações nelas contidas, elaboradas em conformidade com as normas, interpretações e comunicados técnicos; e

g) proporcionar aos interessados informações sobre o enfoque adotado na formulação das normas, das interpretações e dos comunicados técnicos.

A Estrutura Conceitual, entre outros assuntos, trata do reconhecimento e da mensuração de itens que compõem o patrimônio das entidades.

> **Reconhecimento é o processo que consiste na incorporação ao balanço patrimonial ou à demonstração do resultado de item que se enquadre na definição de elemento e que satisfaça os critérios de reconhecimento, quais sejam:**
>
> • quando for provável que algum benefício econômico futuro associado ao item flua para a entidade ou flua da entidade; e
>
> • quando o item tiver custo ou valor que possa ser mensurado com confiabilidade (informação confiável = completa, neutra e livre de erro).

O Reconhecimento envolve a descrição do item, a mensuração do seu montante monetário e a sua inclusão no balanço patrimonial ou na demonstração do resultado. Os itens que satisfazem os critérios de reconhecimento devem ser identificados no balanço patrimonial ou na demonstração do resultado. A falta de reconhecimento de tais itens não é corrigida pela divulgação das práticas contábeis adotadas, tampouco pelas notas explicativas ou material elucidativo.

Um item que se enquadre na definição de ativo ou de passivo deve ser reconhecido nas demonstrações contábeis se atender aos seguintes requisitos:

– 1 –	– 2 –
Se for provável que algum benefício econômico futuro referente ao item venha a ser recebido ou entregue pela entidade.	Se o item tiver custo ou valor que possa ser mensurado com confiabilidade

O conceito de probabilidade deve ser adotado nos critérios de reconhecimento para determinar o grau de incerteza com que os benefícios econômicos futuros referentes ao item venham a fluir para a entidade ou a fluir da entidade. O conceito está em conformidade com a incerteza que caracteriza o ambiente no qual a entidade opera. As avaliações acerca do grau de incerteza atrelado ao fluxo de benefícios econômicos futuros devem ser feitas com base na evidência disponível quando as demonstrações contábeis são elaboradas. Por exemplo, quando for provável que uma conta a receber devida à entidade será paga pelo devedor, é então justificável, na ausência de qualquer evidência em contrário, reconhecer a conta a receber como ativo. Para uma ampla população de contas a receber, entretanto, algum grau de inadimplência é normalmente considerado provável; dessa forma, reconhece-se como despesa a esperada redução nos benefícios econômicos.

O segundo critério para reconhecimento de um item é que ele possua custo ou valor que possa ser mensurado com confiabilidade. Em muitos casos, o custo ou valor precisa ser estimado; o uso de estimativas razoáveis é parte essencial da elaboração das demonstrações contábeis e não prejudica a sua confiabilidade. Quando, entretanto, não puder ser feita estimativa razoável, o item não deve ser reconhecido no balanço patrimonial ou na demonstração do resultado. Por exemplo, o valor que se espera receber de uma ação judicial pode enquadrar-se nas definições tanto de ativo quanto de receita, assim como nos critérios probabilísticos exigidos para reconhecimento. Todavia, se não é possível mensurar com confiabilidade o montante que será recebido, ele não deve ser reconhecido como ativo ou receita. A existência da reclamação deve ser, entretanto, divulgada nas notas explicativas ou nos quadros suplementares.

Um item que em determinado momento deixe de se enquadrar nos critérios de reconhecimento pode qualificar-se para reconhecimento em data posterior, como resultado de circunstâncias ou eventos subsequentes.

72 TEORIA DA CONTABILIDADE

Entretanto, um item que possui as características essenciais de elemento, mas não atende aos critérios para reconhecimento, pode requerer sua divulgação em notas explicativas, em material explicativo ou em quadros suplementares. Isso é apropriado quando a divulgação do item for considerada relevante para a avaliação da posição patrimonial e financeira, do desempenho e das mutações na posição financeira da entidade por parte dos usuários das demonstrações contábeis.

> **Mensuração é o processo que consiste em determinar os montantes monetários por meio dos quais os elementos das demonstrações contábeis devem ser reconhecidos e apresentados no balanço patrimonial e na demonstração do resultado.**

Esse processo envolve a seleção da base específica de mensuração. Um número variado de bases de mensuração é empregado em diferentes graus e em variadas combinações nas demonstrações contábeis, e essas bases incluem o custo histórico, o custo corrente, o valor realizável e o valor presente.

O quadro a seguir detalha cada uma dessas bases de mensuração:

Custo histórico	Os ativos são registrados pelos montantes pagos em caixa ou equivalentes de caixa ou pelo valor justo dos recursos entregues para adquiri-los na data da aquisição. Os passivos são registrados pelos montantes dos recursos recebidos em troca da obrigação ou, em algumas circunstâncias (como, por exemplo, imposto de renda), pelos montantes em caixa ou equivalentes de caixa se espera serão necessários para liquidar o passivo no curso normal das operações.
Custo corrente	Os ativos são mantidos pelos montantes em caixa ou equivalentes de caixa que teriam de ser pagos se esses mesmos ativos ou ativos equivalentes fossem adquiridos na data do balanço. Os passivos são reconhecidos pelos montantes em caixa ou equivalentes de caixa, não descontados, que se espera seriam necessários para liquidar a obrigação na data do balanço.
Valor realizável	Também conhecido por valor de realização ou de liquidação. Os ativos são mantidos pelos montantes em caixa ou equivalentes de caixa que poderiam ser obtidos pela sua venda em forma ordenada. Os passivos são mantidos pelos seus montantes de liquidação, isto é, pelos montantes em caixa ou equivalentes de caixa, não descontados, que se espera serão pagos para liquidar as correspondentes obrigações no curso normal das operações.

Valor presente	Os ativos são mantidos pelo valor presente, descontado, dos fluxos futuros de entradas líquidas de caixa que se espera seja gerado pelo item no curso normal das operações. Os passivos são mantidos pelo valor presente, descontado, dos fluxos futuros de saídas líquidas de caixa que se espera serão necessários para liquidar o passivo no curso normal das operações.

A base de mensuração mais comumente adotada pelas entidades na elaboração de suas demonstrações contábeis é o custo histórico. Ele é normalmente combinado com outras bases de mensuração. Por exemplo, os estoques são geralmente mantidos pelo menor valor entre o custo e o valor líquido de realização, os títulos e valores mobiliários negociáveis podem em determinadas circunstâncias ser mantidos a valor de mercado e os passivos decorrentes de pensões são mantidos pelo seu valor presente.

Ademais, em algumas circunstâncias, determinadas entidades usam a base de custo corrente como resposta à incapacidade de o modelo contábil de custo histórico enfrentar os efeitos das mudanças de preços dos ativos não monetários.

4.1. RECONHECIMENTO E MENSURAÇÃO DE ATIVOS

De acordo com a Resolução CFC nº 1.374/11:

> **Ativo** é um recurso controlado pela entidade como resultado de eventos passados e do qual se espera que fluam futuros benefícios econômicos para a entidade.

Com base na referida resolução, elaborou-se o quadro a seguir, que apresenta as características do ativo.

Características do ativo

- O benefício econômico futuro incorporado a um ativo é o seu potencial em contribuir, direta ou indiretamente, para o fluxo de caixa ou equivalentes de caixa para a entidade. Tal potencial pode ser produtivo, quando o recurso for parte integrante das atividades operacionais da entidade. Pode também ter a forma de conversibilidade em caixa ou equivalentes de caixa ou pode ainda ser capaz de reduzir as saídas de caixa, como no caso de processo industrial alternativo que reduza os custos de produção.

74 TEORIA DA CONTABILIDADE

Características do ativo

- A entidade geralmente emprega os seus ativos na produção de bens ou na prestação de serviços capazes de satisfazer os desejos e as necessidades dos consumidores. Tendo em vista que esses bens ou serviços podem satisfazer esses desejos ou necessidades, os consumidores se predispõem a pagar por eles e, assim, a contribuir para o fluxo de caixa da entidade. O caixa por si só rende serviços para a entidade, visto que exerce um comando sobre os demais recursos.

- Os benefícios econômicos futuros incorporados a um ativo podem fluir para a entidade de diversas maneiras. Por exemplo, o ativo pode ser (1) usado isoladamente ou em conjunto com outros ativos na produção de bens ou na prestação de serviços a serem vendidos pela entidade; (2) trocado por outros ativos; (3) usado para liquidar um passivo; ou (4) distribuído aos proprietários da entidade.

- Determinados ativos, como itens do imobilizado, têm forma física. Entretanto, a forma física não é essencial para a existência de ativo.
Exemplo:
As patentes e os direitos autorais são considerados ativos, caso deles sejam esperados que benefícios econômicos futuros fluam para a entidade e caso eles sejam por ela controlados.

- Outros ativos, tais como contas a receber e imóveis, estão associados a direitos legais, incluindo o direito de propriedade. Ao determinar a existência do ativo, o direito de propriedade não é essencial.
Exemplo 1:
Um imóvel objeto de arrendamento mercantil será um ativo, caso a entidade controle os benefícios econômicos que são esperados que fluam da propriedade. Embora a capacidade de a entidade controlar os benefícios econômicos normalmente resulte da existência de direitos legais, o item pode, contudo, satisfazer à definição de ativo mesmo quando não houver controle legal.
Exemplo 2:
O conhecimento (*know-how*) obtido por meio da atividade de desenvolvimento de produto pode satisfazer à definição de ativo quando, mantendo esse *know-how* em segredo, a entidade controlar os benefícios econômicos que são esperados que fluam desse ativo.

- Os ativos da entidade resultam de transações passadas ou de outros eventos passados. As entidades normalmente obtêm ativos por meio de sua compra ou produção, mas outras transações ou eventos podem gerar ativos.
Exemplo:
Um imóvel recebido de ente governamental como parte de programa para fomentar o crescimento econômico de dada região ou a descoberta de jazidas minerais. Transações ou eventos previstos para ocorrer no futuro não dão origem, por si só, ao surgimento de ativos. Desse modo, por exemplo, a intenção de adquirir estoques não atende, por si só, à definição de ativo.

Existe uma forte associação entre incorrer em gastos e gerar ativos, mas ambas as atividades não são necessariamente indissociáveis. Assim, o fato de a entidade ter incorrido em gasto pode fornecer uma evidência de busca por futuros benefícios econômicos,

Características do ativo
mas não é prova conclusiva de que um item que satisfaça à definição de ativo tenha sido obtido. De modo análogo, a ausência de gasto relacionado não impede que um item satisfaça à definição de ativo e se qualifique para reconhecimento no balanço patrimonial. **Exemplo:** Itens que foram doados à entidade podem satisfazer à definição de ativo.

A Resolução CFC nº 1.374/11 indica que um ativo deve ser reconhecido no balanço patrimonial quando for provável que benefícios econômicos futuros dele provenientes fluirão para a entidade e seu custo ou valor puder ser mensurado com confiabilidade.

Um ativo não deve ser reconhecido no balanço patrimonial quando os gastos incorridos não proporcionarem a expectativa provável de geração de benefícios econômicos para a entidade além do período contábil corrente. Ao invés disso, tal transação deve ser reconhecida como despesa na demonstração do resultado. Esse tratamento não implica dizer que a intenção da administração ao incorrer nos gastos não tenha sido a de gerar benefícios econômicos futuros para a entidade ou que a administração tenha sido mal conduzida. A única implicação é que o grau de certeza quanto à geração de benefícios econômicos para a entidade, além do período contábil corrente, é insuficiente para garantir o reconhecimento do ativo.

> A *mensuração dos ativos* pode ser realizada com base no custo histórico, custo corrente, valor realizável ou valor presente, de acordo com cada situação.

4.2. RECONHECIMENTO E MENSURAÇÃO DE PASSIVOS

Com base na Resolução CFC nº 1.374/11:

> *Passivo* é uma obrigação presente da entidade, derivada de eventos passados, cuja liquidação se espera que resulte na saída de recursos da entidade capazes de gerar benefícios econômicos.

76 TEORIA DA CONTABILIDADE

Para facilitar a compreensão, foi elaborado um quadro explicativo com as suas características.

Características do passivo
Uma característica essencial para a existência de passivo é que a entidade tenha uma obrigação presente. Uma obrigação é um dever ou responsabilidade de agir ou de desempenhar uma dada tarefa de certa maneira.
As obrigações podem ser legalmente exigíveis em consequência de contrato ou de exigências estatutárias. **Exemplo:** Contas a pagar por bens e serviços recebidos.
Obrigações surgem também de práticas usuais do negócio, de usos e costumes e do desejo de manter boas relações comerciais ou agir de maneira equitativa. **Exemplo:** Se a entidade decidir, por questão de política mercadológica ou de imagem, retificar defeitos em seus produtos, mesmo quando tais defeitos tenham se tornado conhecidos depois da expiração do período da garantia, as importâncias que espera gastar com os produtos já vendidos constituem passivos.
Deve-se fazer uma distinção entre obrigação presente e compromisso futuro. A decisão da administração de uma entidade para adquirir ativos no futuro não dá origem, por si só, a uma obrigação presente. A obrigação normalmente surge só quando um ativo é entregue ou a entidade ingressa em acordo irrevogável para adquirir o ativo. **Exemplo:** No caso de um contrato irrevogável, as consequências econômicas de deixar de cumprir a obrigação, como, por exemplo, em função da existência de penalidade contratual significativa, deixam a entidade com pouca liberdade para evitar o desembolso de recursos em favor da outra parte.
A liquidação de uma obrigação presente geralmente implica a utilização, pela entidade, de recursos incorporados de benefícios econômicos a fim de satisfazer a demanda da outra parte.
A liquidação de uma obrigação presente pode ocorrer de diversas maneiras, como, por exemplo, por meio de (1) pagamento em caixa, (2) transferência de outros ativos, (3) prestação de serviços, (4) substituição da obrigação por outra ou (5) conversão da obrigação em item do patrimônio líquido. Além disso, a obrigação pode também ser extinta por outros meios, tais como pela (6) renúncia do credor ou (7) perda dos seus direitos.

Características do passivo

Passivos resultam de transações ou outros eventos passados.

Exemplo 1:

A aquisição de bens e o uso de serviços dão origem a contas a pagar (a não ser que pagos adiantadamente ou na entrega) e o recebimento de empréstimo bancário resulta na obrigação de honrá-lo no vencimento.

Exemplo 2:

A entidade também pode ter a necessidade de reconhecer como passivo os futuros abatimentos baseados no volume das compras anuais dos clientes. Nesse caso, a venda de bens no passado é a transação que dá origem ao passivo.

Alguns passivos somente podem ser mensurados por meio do emprego de significativo grau de estimativa. No Brasil, denominam-se esses passivos de provisões. A definição de passivo segue uma abordagem ampla. Desse modo, caso a provisão envolva uma obrigação presente e satisfaça os demais critérios da definição, ela é um passivo, ainda que seu montante tenha que ser estimado.

Exemplo 1:

Provisões para pagamentos a serem feitos para satisfazer acordos com garantias em vigor.

Exemplo 2:

Provisões diante de obrigações de aposentadoria.

De acordo com a Resolução CFC n° 1.374/11, um passivo deve ser reconhecido no balanço patrimonial quando for provável que uma saída de recursos detentores de benefícios econômicos seja exigida em liquidação de obrigação presente e o valor pelo qual essa liquidação se dará puder ser mensurado com confiabilidade.

Na prática, as obrigações originadas de contratos ainda não integralmente cumpridos de modo proporcional – *proportionately unperformed* (por exemplo, passivos decorrentes de pedidos de compra de produtos e mercadorias ainda não recebidos) – não são, em geral, reconhecidas como passivos nas demonstrações contábeis. Contudo, tais obrigações podem enquadrar-se na definição de passivos caso sejam atendidos os critérios de reconhecimento nas circunstâncias específicas, bem como podem qualificar-se para reconhecimento. Nesses casos, o reconhecimento dos passivos exige o dos correspondentes ativos ou despesas.

78 TEORIA DA CONTABILIDADE

> Os *passivos* podem ser mensurados com base no custo histórico, custo corrente, valor realizável ou valor presente, de acordo com cada situação.

4.3. O PATRIMÔNIO LÍQUIDO E SUAS TEORIAS

Com base nos conceitos apresentados na Resolução CFC nº 1.374/11:

> *Patrimônio Líquido* é o interesse residual nos ativos da entidade depois de deduzidos todos os seus passivos.

O quadro a seguir mostra algumas particularidades deste grupo de contas.

Características do patrimônio líquido

Embora o patrimônio líquido seja definido como algo residual, ele pode ter subclassificações no balanço patrimonial. Tais classificações podem ser relevantes para a tomada de decisão dos usuários das demonstrações contábeis quando indicarem restrições legais ou de outra natureza sobre a capacidade que a entidade tem de distribuir ou aplicar de outra forma os seus recursos patrimoniais. Podem também refletir o fato de que determinadas partes com direitos de propriedade sobre a entidade têm direitos diferentes com relação ao recebimento de dividendos ou ao reembolso de capital.

Exemplo:

Na sociedade por ações, recursos aportados pelos sócios, reservas resultantes de retenções de lucros e reservas representando ajustes para manutenção do capital podem ser demonstrados separadamente.

A constituição de reservas é, por vezes, exigida pelo estatuto ou por lei para dar à entidade e seus credores uma margem maior de proteção contra os efeitos de prejuízos.

Outras reservas podem ser constituídas em atendimento a leis que concedem isenções ou reduções nos impostos a pagar quando são feitas transferências para tais reservas.

A existência e o tamanho de tais reservas legais, estatutárias e fiscais representam informações que podem ser importantes para a tomada de decisão dos usuários. As transferências para tais reservas são apropriações de lucros acumulados, portanto, não constituem despesas.

Características do patrimônio líquido

O montante pelo qual o patrimônio líquido é apresentado no balanço patrimonial depende da mensuração dos ativos e passivos. Normalmente, o montante agregado do patrimônio líquido só por coincidência corresponde ao valor de mercado agregado das ações da entidade ou da soma que poderia ser obtida pela venda dos seus ativos líquidos numa base de item por item, ou da entidade como um todo, tomando por base a premissa da continuidaade (*going concern basis*).

Atividades comerciais e industriais, bem como outros negócios são frequentemente exercidos por meio de empresas individuais, sociedades limitadas, entidades estatais e outras organizações cujas estruturas, legal e regulamentar, em regra, são diferentes daquelas aplicáveis às sociedades por ações.

Exemplo:
Pode haver poucas restrições, caso haja, sobre a distribuição aos proprietários ou a outros beneficiários de montantes incluídos no patrimônio líquido. Não obstante, a definição de patrimônio líquido e os outros aspectos dessa Estrutura Conceitual que tratam do patrimônio líquido são igualmente aplicáveis a tais entidades.

4.4. RECONHECIMENTO E MENSURAÇÃO DE RECEITAS E DESPESAS, GANHOS E PERDAS

De acordo com a Resolução CFC nº 1.374/11:

> *Receitas* são aumentos nos benefícios econômicos durante o período contábil, sob a forma da entrada de recursos ou do aumento de ativos ou diminuição de passivos, que resultam em aumento do patrimônio líquido e que não estão relacionados com a contribuição dos detentores dos instrumentos patrimoniais.

Com base na referida resolução, elaborou-se o quadro a seguir, que apresenta as suas características.

Características das receitas e dos ganhos

A definição de receita abrange tanto as receitas propriamente ditas quanto ganhos.

A receita surge no curso das atividades usuais da entidade e é designada por uma variedade de nomes.

80 TEORIA DA CONTABILIDADE

Características das receitas e dos ganhos
Exemplo: Vendas, honorários, juros, dividendos, *royalties*, aluguéis.
Ganhos representam outros itens que se enquadram na definição de receita e podem ou não surgir no curso das atividades usuais da entidade, representando aumentos nos benefícios econômicos e, como tais, não diferem, em natureza, das receitas.
Quando esses ganhos são reconhecidos na demonstração do resultado, eles são usualmente apresentados de forma separada, porque sua divulgação é útil para fins de tomada de decisões econômicas. Os ganhos são, em regra, reportados líquidos das respectivas despesas. **Exemplo 1:** Resultado da venda de ativos não circulantes. **Exemplo 2:** Resultado da reavaliação de títulos e valores mobiliários negociáveis. **Exemplo 3:** Resultado de aumentos no valor contábil de ativos de longo prazo
Vários tipos de ativos podem ser recebidos ou aumentados por meio da receita. **Exemplo:** Caixa, contas a receber, bens e serviços recebidos em troca de bens e serviços fornecidos.
A receita também pode resultar da liquidação de passivos. **Exemplo:** A entidade pode fornecer mercadorias e serviços ao credor por empréstimo em liquidação da obrigação de pagar o empréstimo.
A receita deve ser reconhecida na demonstração do resultado quando resultar em aumento nos benefícios econômicos futuros relacionado com aumento de ativo ou com diminuição de passivo e puder ser mensurado com confiabilidade. Isso significa, na prática, que o reconhecimento da receita ocorre simultaneamente com o reconhecimento do aumento nos ativos ou da diminuição nos passivos. **Exemplo 1:** O aumento líquido nos ativos originado da venda de bens e serviços. **Exemplo 2:** O decréscimo do passivo originado do perdão de dívida a ser paga.

Os procedimentos normalmente adotados, na prática, para reconhecimento da receita, como, por exemplo, a exigência de que a receita tenha sido ganha, são aplicações dos critérios de reconhecimento definidos na Estrutura Conceitual. Tais procedimentos são geralmente direcionados para restringir o reconhecimento como receita àqueles

Capítulo 4 – Reconhecimento e mensuração **81**

itens que possam ser mensurados com confiabilidade e tenham suficiente grau de certeza.

Por sua vez, as despesas são conceituadas na Resolução CFC n° 1.374/11 nos seguintes termos:

> **Despesas** são decréscimos nos benefícios econômicos durante o período contábil, sob a forma da saída de recursos ou da redução de ativos ou assunção de passivos, que resultam em decréscimo do patrimônio líquido, e que não estejam relacionados com distribuições aos detentores dos instrumentos patrimoniais.

A referida legislação apresenta diversas peculiaridades das despesas, expressas de maneira simplificada no quadro a seguir:

Características das despesas e das perdas
A definição de despesas abrange tanto as perdas quanto as despesas propriamente ditas que surgem no curso das atividades usuais da entidade
As despesas que surgem no curso das atividades usuais da entidade. **Exemplo:** O custo das vendas, salários e depreciação.
Perdas representam outros itens que se enquadram na definição de despesas e podem ou não surgir no curso das atividades usuais da entidade, representando decréscimos nos benefícios econômicos e, como tais, não diferem, em natureza, das demais despesas.
Quando as perdas são reconhecidas na demonstração do resultado, elas são geralmente demonstradas de forma separada, pois sua divulgação é útil para fins de tomada de decisões econômicas. As perdas são, em regra, reportadas líquidas das respectivas receitas. **Exemplo 1:** Valores que resultam de sinistros como incêndio e inundações. **Exemplo 2:** Valores que decorrem da venda de ativos não circulantes. **Exemplo 3:** Valores que surgem dos efeitos dos aumentos na taxa de câmbio de moeda estrangeira com relação aos empréstimos da entidade a pagar em tal moeda.
As despesas devem ser reconhecidas na demonstração do resultado quando resultarem em decréscimo nos benefícios econômicos futuros, relacionado com o decréscimo de um ativo ou o aumento de um passivo, e puder ser mensurado com confiabilidade.

Características das despesas e das perdas

Isso significa, na prática, que o reconhecimento da despesa ocorre simultaneamente com o reconhecimento de aumento nos passivos ou de diminuição nos ativos.

Exemplo 1:
Alocação por competência de obrigações trabalhistas.

Exemplo 2:
Depreciação de equipamentos.

As despesas devem ser reconhecidas na demonstração do resultado com base na associação direta entre elas e os correspondentes itens de receita. Esse processo, usualmente chamado de confrontação entre despesas e receitas, ou regime de competência, envolve o reconhecimento simultâneo ou combinado das receitas e despesas que resultem direta ou conjuntamente das mesmas transações ou outros eventos.

Exemplo:
Os vários componentes de despesas que integram o custo das mercadorias vendidas devem ser reconhecidos no mesmo momento em que a receita derivada da venda das mercadorias é reconhecida.

Quando se espera que os benefícios econômicos sejam gerados ao longo de vários períodos contábeis e a associação com a correspondente receita somente possa ser feita de modo geral e indireto, as despesas devem ser reconhecidas na demonstração do resultado com base em procedimentos de alocação sistemática e racional. Muitas vezes isso é necessário ao reconhecer despesas associadas com o uso ou o consumo de ativos, e, em tais casos, a despesa é designada como depreciação ou amortização. Esses procedimentos de alocação destinam-se a reconhecer despesas nos períodos contábeis em que os benefícios econômicos associados a tais itens sejam consumidos ou expirem.

Exemplo 1:
Itens do imobilizado.

Exemplo 2:
Ágio pela expectativa de rentabilidade futura (*goodwill*).

Exemplo 3:
Marcas e patentes.

A despesa deve ser reconhecida imediatamente na demonstração do resultado quando o gasto não produzir benefícios econômicos futuros ou quando, e na extensão em que, os benefícios econômicos futuros não se qualificarem, ou deixarem de se qualificar, para reconhecimento no balanço patrimonial como ativo.

A despesa também deve ser reconhecida na demonstração do resultado nos casos em que um passivo é incorrido sem o correspondente reconhecimento de ativo.

Exemplo:
Passivo decorrente de garantia de produto.

4.5. CAPITAL FÍSICO, FINANCEIRO E SUA MANUTENÇÃO

De acordo com a Resolução CFC nº 1.374/11, o capital pode ser conceituado sob os aspectos financeiro e físico:

Conceito de Capital	Descrição	Exemplo
Financeiro (monetário)	O capital é sinônimo de ativos líquidos ou patrimônio líquido da entidade	O dinheiro investido ou o seu poder de compra investido
Físico	O capital é considerado como a capacidade produtiva da entidade	A capacidade operacional em unidades de produção diária

A seleção do conceito de capital apropriado para a entidade deve estar baseada nas necessidades dos usuários das demonstrações contábeis. Assim, o conceito de capital financeiro deve ser adotado se os usuários das demonstrações contábeis estiverem primariamente interessados na manutenção do capital nominal investido ou no poder de compra do capital investido.

Entretanto, se a principal preocupação dos usuários for com a capacidade operacional da entidade, o conceito de capital físico deve ser adotado. O conceito escolhido indica o objetivo a ser alcançado na determinação do lucro, mesmo que possa haver algumas dificuldades de mensuração ao tornar operacional o conceito.

Há de se considerar que o conceito de capital financeiro (ou monetário) é o adotado pela maioria das entidades na elaboração de suas demonstrações contábeis.

Os tipos de capital mencionados, o financeiro (ou monetário) e o físico, originam os seguintes conceitos de manutenção de capital:

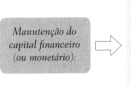

Manutenção do capital financeiro (ou monetário): De acordo com esse conceito, o lucro é considerado auferido somente se o montante financeiro (ou dinheiro) dos ativos líquidos no fim do período exceder o seu montante financeiro (ou dinheiro) no começo do período, depois de excluídas quaisquer distribuições aos proprietários e seus aportes de capital durante o período. A manutenção do capital financeiro pode ser medida em qualquer unidade monetária nominal ou em unidades de poder aquisitivo constante.

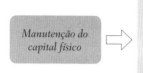

De acordo com esse conceito, o lucro é considerado auferido somente se a capacidade física produtiva (ou capacidade operacional) da entidade (ou os recursos ou fundos necessários para atingir essa capacidade) no fim do período exceder a capacidade física produtiva no início do período, depois de excluídas quaisquer distribuições aos proprietários e seus aportes de capital durante o período.

O conceito de manutenção de capital está relacionado com a forma pela qual a entidade define o capital que ela procura manter. Ele representa um elo entre os conceitos de capital e os de lucro, pois fornece um ponto de referência para medição do lucro, além de ele ser uma condição essencial para distinção entre o retorno sobre o capital da entidade e a recuperação do capital. Somente os ingressos de ativos que excedam os montantes necessários para manutenção do capital podem ser considerados como lucro e, portanto, como retorno sobre o capital.

Assim, o lucro é o montante remanescente depois que as despesas tiverem sido deduzidas do resultado. Se as despesas excederem as receitas, o montante residual será um prejuízo.

O conceito de manutenção do capital físico requer a adoção do custo corrente como base de mensuração. O conceito de manutenção do capital financeiro, entretanto, não requer o uso de uma base específica de mensuração. A escolha da base conforme este conceito depende do tipo de capital financeiro que a entidade está procurando manter.

A principal diferença entre os dois conceitos de manutenção de capital está no tratamento dos efeitos das mudanças nos preços dos ativos e passivos da entidade. Em termos gerais, a entidade terá mantido seu capital se ela tiver tanto capital no fim do período como tinha no início, computados os efeitos das distribuições aos proprietários e seus aportes para o capital durante esse período. Qualquer valor além daquele necessário para manter o capital do início do período é lucro.

O quadro a seguir apresenta algumas diferenças entre o conceito financeiro e o conceito físico de manutenção do capital:

Conceito financeiro (ou monetário) de manutenção do capital	Conceito físico de manutenção do capital
• O capital é definido em termos de unidades monetárias nominais	• O capital é definido em termos de capacidade física produtiva
• O lucro representa o aumento do capital monetário nominal ao longo do período	• O lucro representa o aumento desse capital ao longo do período
• Os aumentos nos preços de ativos mantidos ao longo do período, convencionalmente designados como ganhos de estocagem, são, conceitualmente, lucros	• As mudanças de preços afetando ativos e passivos da entidade são vistas, nesse conceito, como mudanças na mensuração da capacidade física produtiva da entidade

A seleção das bases de mensuração e do conceito de manutenção de capital é que determina o modelo contábil a ser utilizado na elaboração das demonstrações contábeis.

Diferentes modelos contábeis apresentam diferentes graus de relevância e confiabilidade e, como em outras áreas, a administração da entidade deve buscar o equilíbrio entre a relevância e a confiabilidade.

A Estrutura Conceitual definida na Resolução CFC nº 1.374/11 é aplicável ao elenco de modelos contábeis e fornece orientação para elaboração e apresentação das demonstrações contábeis elaboradas conforme o modelo escolhido.

Atualmente, o CFC não tem a intenção de eleger um modelo em particular a não ser em circunstâncias excepcionais. Entretanto, essa intenção poderá ser revista, dependendo dos desenvolvimentos que forem sendo observados no mundo.

capítulo . 5

Os princípios de contabilidade

Tendo em vista a necessidade de prover a fundamentação apropriada para interpretação e aplicação das Normas Brasileiras de Contabilidade, foi editada pelo Conselho Federal de Contabilidade a Resolução CFC nº 750/93, alterada pela Resolução CFC nº 1.282/10, para definir os princípios de contabilidade.

Esses representam a essência das doutrinas e teorias relativas à ciência da contabilidade, consoante o entendimento predominante nos universos científico e profissional de nosso país. Concernem, pois, à contabilidade no seu sentido mais amplo de ciência social, cujo objeto é o patrimônio das entidades.

A referida resolução estabelece como princípios de contabilidade os seguintes: o da entidade, o da continuidade, o da oportunidade, o do registro pelo valor original, o da competência e o da prudência.

5.1. CARACTERÍSTICAS DOS PRINCÍPIOS DE CONTABILIDADE (PC)

Princípio da entidade
• reconhece o patrimônio como objeto da contabilidade
• afirma a autonomia patrimonial

Princípio da entidade

- sustenta a necessidade da diferenciação de um patrimônio particular no universo dos patrimônios existentes, independentemente de pertencer a uma pessoa, um conjunto de pessoas, uma sociedade ou instituição de qualquer natureza ou finalidade, com ou sem fins lucrativos

- o patrimônio não se confunde com aqueles dos seus sócios ou proprietários, no caso de sociedade ou instituição

Princípio da continuidade

- pressupõe que a entidade continuará em operação no futuro

- a mensuração e a apresentação dos componentes do patrimônio levam em conta esta circunstância

Princípio da oportunidade

- refere-se ao processo de mensuração e apresentação dos componentes patrimoniais para produzir informações íntegras e tempestivas

- a falta de integridade e tempestividade na produção e na divulgação da informação contábil pode ocasionar a perda de sua relevância

- é necessário ponderar a relação entre a oportunidade e a confiabilidade da informação

Princípio do registro pelo valor original

- os componentes do patrimônio devem ser inicialmente registrados pelos valores originais das transações, expressos em moeda nacional

- as bases de mensuração que devem ser utilizadas em graus distintos e combinadas, ao longo do tempo, de diferentes formas, são (1) o custo histórico e (2) a variação do custo histórico

- no (1) custo histórico, os ativos são registrados pelos valores pagos ou a serem pagos em caixa ou equivalentes de caixa ou pelo valor justo dos recursos que são entregues para adquiri-los na data da aquisição

- no (1) custo histórico, os passivos são registrados pelos valores dos recursos que foram recebidos em troca da obrigação ou, em algumas circunstâncias, pelos valores em caixa ou equivalentes de caixa, os quais serão necessários para liquidar o passivo no curso normal das operações

Princípio do registro pelo valor original

- na (2) variação do custo histórico, uma vez integrados ao patrimônio, os componentes patrimoniais, ativos e passivos, podem sofrer variações decorrentes dos seguintes fatores: custo corrente, valor realizável, valor presente, valor justo e atualização monetária

Princípio da competência

- determina que os efeitos das transações e outros eventos sejam reconhecidos nos períodos a que se referem, independentemente do recebimento ou pagamento

- pressupõe a simultaneidade da confrontação de receitas e de despesas correlatas

Princípio da prudência

- sempre que se apresentem alternativas igualmente válidas para a quantificação das mutações patrimoniais que alterem o patrimônio líquido, devem ser observados os aspectos a seguir:

- a adoção do menor valor para os componentes do ativo

- a adoção do maior valor para os componentes do passivo

capítulo . 6

Características qualitativas das demonstrações contábeis

As características qualitativas da informação contábil-financeira útil identificam os tipos de informação que muito provavelmente são reputadas como as mais úteis para investidores, credores (existentes e em potencial), para tomada de decisões acerca da entidade que reporta com base na informação contida nos seus relatórios contábil-financeiros.

Os relatórios contábil-financeiros fornecem informação sobre os recursos econômicos da entidade que reporta a informação, sobre reivindicações contra a entidade que reporta a informação e os efeitos de transações e outros eventos e condições que modificam esses recursos e reivindicações.

Alguns relatórios contábil-financeiros também incluem material explicativo sobre as expectativas da administração e sobre as estratégias para a entidade que reporta a informação, bem como outros tipos de informação sobre o futuro, conhecida como forward-looking information.

As características qualitativas da informação contábil-financeira útil devem ser aplicadas à informação contábil-financeira fornecida pelas demonstrações contábeis, assim como à informação contábil-financeira fornecida por outros meios. O custo de gerar a informação, que é uma restrição sempre presente na entidade no processo de fornecer informação contábil-financeira útil, deve ser observado similarmente. No entanto, as considerações a serem tecidas quando da aplicação das características qualitativas e da restrição do custo podem ser diferentes para diferentes tipos de informação.

92 TEORIA DA CONTABILIDADE

Se a informação contábil-financeira é para ser útil, ela precisa ser relevante e representar com fidedignidade o que se propõe a representar. A utilidade da informação contábil-financeira é melhorada se ela for comparável, verificável, tempestiva e compreensível. Diante disso, a Resolução CFC nº 1.374/11 define:

duas características qualitativas fundamentais:	quatro características qualitativas de melhoria:
relevância e representação fidedigna;	comparabilidade, verificabilidade, tempestividade e compreensibilidade.

Características qualitativas das demonstrações contábeis	
⇩	⇩
Fundamentais	De Melhoria
⇩	⇩
relevância representação fidedigna	comparabilidade verificabilidade tempestividade compreensibilidade

6.1. CARACTERÍSTICAS QUALITATIVAS FUNDAMENTAIS

6.1.1. Relevância

> *Informação contábil-financeira relevante* é aquela capaz de fazer diferença nas decisões que possam ser tomadas pelos usuários. A informação pode ser capaz de fazer diferença em uma decisão mesmo no caso de alguns usuários decidirem não a levar em consideração, ou já tiver tomado ciência de sua existência por outras fontes.

A informação contábil-financeira é capaz de fazer diferença nas decisões se tiver valor preditivo, valor confirmatório ou ambos.

- *Valor preditivo:* se ela puder ser utilizada como dado de entrada em processos empregados pelos usuários para predizer futuros resultados. A informação contábil-financeira não precisa ser uma predição ou uma projeção para que possua valor preditivo.

Capítulo 6 – Características qualitativas das demonstrações contábeis

A informação contábil-financeira com valor preditivo é empregada pelos usuários ao fazerem suas próprias predições.

• *Valor confirmatório:* se retroalimentar – servir de *feedback* – avaliações prévias (confirmá-las ou alterá-las).

Exemplo:

A informação sobre receita para o ano corrente, a qual pode ser utilizada como base para predizer receitas para anos futuros, também pode ser comparada com predições de receita para o ano corrente que foram feitas nos anos anteriores. Os resultados dessas comparações podem auxiliar os usuários a corrigirem e a melhorarem os processos que foram utilizados para fazer tais predições.

6.1.2. Representação fidedigna

> Os *relatórios contábil-financeiros* representam um fenômeno econômico em palavras e números. Para ser útil, a informação contábil-financeira não tem só de representar um fenômeno relevante, mas tem também de representar com fidedignidade o fenômeno a que se propõe. Para ser representação perfeitamente fidedigna, a realidade retratada precisa ter três atributos. Ela tem de ser completa, neutra e livre de erro. É claro, a perfeição é rara, se de fato alcançável. O objetivo é maximizar referidos atributos na extensão que seja possível.

O retrato da realidade econômica completo deve incluir toda a informação necessária para que o usuário compreenda o fenômeno representado, incluindo todas as descrições e explicações necessárias.

Exemplo 1:

Um retrato completo de um grupo de ativos incluiria, no mínimo, a descrição da natureza dos ativos que compõem o grupo, o retrato numérico de todos os ativos que compõem o grupo e a descrição acerca do que o retrato numérico representa (como custo histórico original, custo histórico ajustado ou valor justo). Para alguns itens, um retrato completo pode considerar ainda explicações de fatos significativos sobre a qualidade e a natureza desses itens, fatos e circunstâncias que podem afetar a qualidade

94 TEORIA DA CONTABILIDADE

e a natureza deles, bem como os processos utilizados para determinar os números retratados.

Um retrato neutro da realidade econômica é desprovido de viés na seleção ou na apresentação da informação contábil-financeira. Um retrato neutro não deve ser distorcido com contornos que possa receber dando a ele maior ou menor peso, ênfase maior ou menor, ou qualquer outro tipo de manipulação que aumente a probabilidade de a informação contábil-financeira ser recebida pelos seus usuários de modo favorável ou desfavorável. Informação neutra não significa informação sem propósito ou sem influência no comportamento dos usuários. A bem da verdade, informação contábil-financeira relevante, por definição, é aquela capaz de fazer diferença nas decisões tomadas pelos usuários.

Representação fidedigna não significa exatidão em todos os aspectos. Um retrato da realidade econômica livre de erros significa que não há erros ou omissões no fenômeno retratado, e que o processo utilizado, para produzir a informação reportada, foi selecionado e foi aplicado livre de erros. Nesse sentido, um retrato da realidade econômica livre de erros não significa algo perfeitamente exato em todos os aspectos.

Exemplo 2:

A estimativa de preço ou valor não observável não pode ser qualificada como algo exato ou inexato. Entretanto, a representação dessa estimativa pode ser considerada fidedigna se o montante for descrito clara e precisamente como uma estimativa, se a natureza e as limitações do processo forem devidamente reveladas e nenhum erro tiver sido cometido na seleção e aplicação do processo apropriado para desenvolvimento da estimativa.

Representação fidedigna, por si só, não resulta necessariamente em informação útil.

Exemplo 3:

A entidade que reporta a informação pode receber um item do imobilizado por meio de subvenção governamental. Obviamente, a entidade ao reportar que adquiriu um ativo sem custo retrataria

Capítulo 6 – Características qualitativas das demonstrações contábeis **95**

com fidedignidade o custo desse ativo, porém essa informação provavelmente não seria muito útil.

Exemplo 4:

A estimativa do montante por meio do qual o valor contábil do ativo seria ajustado para refletir a perda por desvalorização no seu valor (*impairment loss*). Essa estimativa pode ser uma representação fidedigna se a entidade que reporta a informação tiver aplicado com propriedade o processo apropriado, tiver descrito com propriedade a estimativa e tiver revelado quaisquer incertezas que afetam significativamente a estimativa. Entretanto, se o nível de incerteza de referida estimativa for suficientemente alto, a estimativa não será particularmente útil. Em outras palavras, a relevância do ativo que está sendo representado com fidedignidade será questionável. Se não existir alternativa para retratar a realidade econômica que seja mais fidedigna, a estimativa nesse caso deve ser considerada a melhor informação disponível.

6.1.3. Aplicação das características qualitativas fundamentais

A informação precisa concomitantemente ser relevante e representar com fidedignidade a realidade reportada para ser útil. Nem a representação fidedigna de fenômeno irrelevante, tampouco a representação não fidedigna de fenômeno relevante auxiliam os usuários a tomarem boas decisões.

O processo mais eficiente e mais efetivo para aplicação das características qualitativas fundamentais usualmente seria o seguinte:

1º. Identificar o fenômeno econômico que tenha o potencial de ser útil para os usuários da informação contábil-financeira reportada pela entidade.

2º. Identificar o tipo de informação sobre o fenômeno que seria mais relevante se estivesse disponível e que poderia ser representado com fidedignidade.

96 TEORIA DA CONTABILIDADE

3º. Determinar se a informação está disponível e pode ser representada com fidedignidade.

Dessa forma, o processo de satisfazer as características qualitativas fundamentais chega ao seu fim. Caso contrário, o processo deve ser repetido após o próximo tipo de informação mais relevante.

6.2. CARACTERÍSTICAS QUALITATIVAS DE MELHORIA

As características qualitativas de melhoria são características qualitativas que melhoram a utilidade da informação que é relevante e representada com fidedignidade. Além disso, elas podem também auxiliar a determinar qual entre duas alternativas que sejam consideradas equivalentes em termos de relevância e fidedignidade de representação deve ser usada para retratar um fenômeno.

6.2.1. Comparabilidade

> *Comparabilidade* é a característica qualitativa que permite que os usuários identifiquem e compreendam similaridades dos itens e diferenças entre eles.

As decisões de usuários implicam escolhas entre alternativas, como, por exemplo, vender ou manter um investimento, ou investir em uma entidade ou noutra. Consequentemente, a informação acerca da entidade que reporta informação será mais útil caso possa ser comparada com informação similar sobre outras entidades e com informação similar sobre a mesma entidade para outro período ou para outra data.

Diferentemente de outras características qualitativas, a comparabilidade não está relacionada com um único item. A comparação requer no mínimo dois itens.

Consistência, embora esteja relacionada com a comparabilidade, não significa o mesmo. Consistência refere-se ao uso dos mesmos métodos para os mesmos itens, tanto de um período para outro considerando a mesma entidade que reporta a informação, quanto para um

Capítulo 6 – Características qualitativas das demonstrações contábeis **97**

único período entre entidades. Comparabilidade é o objetivo; a consistência auxilia a alcançar esse objetivo.

Comparabilidade não significa uniformidade. Para que a informação seja comparável, coisas iguais precisam parecer iguais e coisas diferentes precisam parecer diferentes. A comparabilidade da informação contábil-financeira não é aprimorada ao se fazer com que coisas diferentes pareçam iguais ou ainda ao se fazer coisas iguais parecerem diferentes.

Algum grau de comparabilidade é possivelmente obtido por meio da satisfação das características qualitativas fundamentais. A representação fidedigna de fenômeno econômico relevante deve possuir naturalmente algum grau de comparabilidade com a representação fidedigna de fenômeno econômico relevante similar de outra entidade que reporta a informação.

Muito embora um fenômeno econômico singular possa ser representado com fidedignidade de múltiplas formas, a discricionariedade na escolha de métodos contábeis alternativos para o mesmo fenômeno econômico diminui a comparabilidade.

6.2.2. Verificabilidade

> A *verificabilidade* ajuda a assegurar aos usuários que a informação representa fidedignamente o fenômeno econômico que se propõe representar. A verificabilidade significa que diferentes observadores, cônscios e independentes, podem chegar a um consenso, embora não cheguem necessariamente a um completo acordo, quanto ao retrato de uma realidade econômica em particular ser uma representação fidedigna.

Informação quantificável não necessita ser um único ponto estimado para ser verificável. Uma faixa de possíveis montantes com suas probabilidades respectivas pode também ser verificável.

A verificação pode ser direta ou indireta:

• *Direta:* significa verificar um montante ou outra representação por meio de observação direta.

Exemplo: verificação por meio da contagem de caixa.

98 TEORIA DA CONTABILIDADE

- *Indireta:* significa checar os dados de entrada do modelo, fórmula ou outra técnica e recalcular os resultados obtidos por meio da aplicação da mesma metodologia.

Exemplo: verificação do valor contábil dos estoques por meio da checagem dos dados de entrada (quantidades e custos) e por meio do recálculo do saldo final dos estoques utilizando a mesma premissa adotada no fluxo do custo (como ao utilizar o método PEPS).

Eventualmente, pode ser que não exista a possibilidade de verificar algumas explicações e alguma informação contábil-financeira sobre o futuro até que o período futuro seja totalmente alcançado. Para ajudar os usuários a decidir se desejam usar dita informação, é normalmente necessário divulgar as premissas subjacentes, os métodos de obtenção da informação e outros fatores e circunstâncias que suportam a informação.

6.2.3. Tempestividade

> *Tempestividade* significa ter informação disponível para tomadores de decisão a tempo de poder influenciá-los em suas decisões.

Em geral, a informação mais antiga é a que tem menos utilidade. Contudo, certa informação pode ter o seu atributo tempestividade prolongado após o encerramento do período contábil.

Exemplo:

A necessidade de alguns usuários de identificar e avaliar tendências.

6.2.4. Compreensibilidade

> Classificar, caracterizar e apresentar a informação com clareza e concisão torna-a compreensível.

Certos fenômenos são inerentemente complexos e não podem ser facilmente compreendidos. A exclusão de informações sobre esses fenômenos dos relatórios contábil-financeiros pode tornar a informação constante em referidos relatórios melhor compreendida. Contudo, os referidos relatórios seriam considerados incompletos e potencialmente distorcidos.

Capítulo 6 – Características qualitativas das demonstrações contábeis **99**

Relatórios contábil-financeiros são elaborados para usuários que têm conhecimento razoável de negócios e de atividades econômicas e que revisem e analisem a informação diligentemente. Por vezes, mesmo os usuários bem informados e diligentes podem sentir a necessidade de procurar ajuda de consultor para compreensão da informação sobre um fenômeno econômico complexo.

6.2.5. Aplicação das características qualitativas de melhoria

Características qualitativas de melhoria devem ser maximizadas na extensão possível. Entretanto, as características qualitativas de melhoria, sejam individualmente ou em grupo, não podem tornar a informação útil se dita informação for irrelevante ou não for representação fidedigna.

A aplicação das características qualitativas de melhoria é um processo que não segue uma ordem preestabelecida. Algumas vezes, uma característica qualitativa de melhoria pode ter que ser diminuída para maximização de outra característica qualitativa.

Exemplo:

A redução temporária na comparabilidade como resultado da aplicação prospectiva de uma nova norma contábil-financeira pode ser vantajosa para o aprimoramento da relevância ou da representação fidedigna no longo prazo. Divulgações apropriadas podem parcialmente compensar a não comparabilidade.

capítulo . 7

Íntegra da Resolução CFC nº 1.374/11

RESOLUÇÃO CFC N.º 1.374/11

Dá nova redação à NBC TG ESTRUTURA CONCEITUAL – Estrutura Conceitual para Elaboração e Divulgação de Relatório Contábil-Financeiro.

O CONSELHO FEDERAL DE CONTABILIDADE, no exercício de suas atribuições legais e regimentais e com fundamento no disposto na alínea "f" do art. 6º do Decreto-Lei nº 9.295/46, alterado pela Lei nº 12.249/10,

RESOLVE:

Art. 1º Dar nova redação à NBC TG ESTRUTURA CONCEITUAL – Estrutura Conceitual para Elaboração e Divulgação de Relatório Contábil-Financeiro, tendo em vista a edição do Pronunciamento Conceitual Básico (R1) pelo Comitê de Pronunciamentos Contábeis (CPC) que tem por base *The Conceptual Framework for Financial Reporting* (IASB – BV 2011 Blue Book).

Art. 2º Revogar a Resolução CFC nº 1.121/08, publicada no D.O.U., Seção I, de 1/4/08.

Art. 3º Esta Resolução entra em vigor na data de sua publicação, aplicando-se aos exercícios iniciados a partir de 1º de janeiro de 2011.

Brasília, 8 de dezembro de 2011.

Contador Juarez Domingues Carneiro
Presidente
Ata CFC nº 959

102 TEORIA DA CONTABILIDADE

NORMAS BRASILEIRAS DE CONTABILIDADE	
NBC TG ESTRUTURA CONCEITUAL – ESTRUTURA CONCEITUAL PARA A ELABORAÇÃO E DIVULGAÇÃO DE RELATÓRIO CONTÁBIL-FINANCEIRO	
Índice	**Item**
Prefácio	
Introdução	
Finalidade e status	
Alcance	

CAPÍTULOS

1. Objetivo da elaboração e divulgação de relatório contábil-financeiro de propósito geral	OB1 – OB21
2. Entidade que reporta a informação	
3.Características qualitativas da informação contábil--útil	QC1 – QC39
4. Estrutura conceitual para a elaboração e apresentação das demonstrações contábeis: texto remanescente	
Premissa subjacente	**4.1**
Elementos das demonstrações contábeis	**4.2 – 4.36**
Reconhecimento dos elementos das demonstrações contábeis	**4.37 – 4.53**
Mensuração dos elementos das demonstrações contábeis	**4.54 – 4.56**
Conceitos de capital e manutenção de capital	**4.57 – 4.65**

TABELA DE EQUIVALÊNCIA

PREFÁCIO

O *International Accounting Standards Board* (IASB) está em pleno processo de atualização de sua Estrutura Conceitual. O projeto dessa Estrutura Conceitual está sendo conduzido em fases.

À medida que um capítulo é finalizado, itens da Estrutura Conceitual para Elaboração e Apresentação das Demonstrações Contábeis,

Capítulo 7 – Íntegra da Resolução CFC n° 1.374/11   **103**

que foi emitida em 1989, vão sendo substituídos. Quando o projeto da Estrutura Conceitual for finalizado, o IASB terá um único documento, completo e abrangente, denominado *Estrutura Conceitual para Elaboração e Divulgação de Relatório Contábil-Financeiro (The Conceptual Framework for Financial Reporting)*.

Esta versão da Estrutura Conceitual inclui dois capítulos que o IASB aprovou como resultado da primeira fase do projeto da Estrutura, o capítulo 1 *Objetivo da elaboração e divulgação de relatório contábil-financeiro de propósito geral e o capítulo 3 Características qualitativas da informação contábil-financeira útil.* O capítulo 2 tratará do conceito relativo à entidade que divulga a informação. O capítulo 4 contém o texto remanescente da antiga Estrutura Conceitual. A tabela de equivalência, ao término desta publicação, evidencia a correspondência entre os conteúdos do documento *Estrutura Conceitual para a Elaboração e Apresentação das Demonstrações Contábeis e a atual Estrutura Conceitual para Elaboração e Divulgação de Relatório Contábil-Financeiro.*

O CFC adenda a este Prefácio as seguintes observações:

As modificações introduzidas nesta Estrutura Conceitual por meio dos Capítulos 1 e 3 foram elaboradas conjuntamente pelo IASB e pelo FASB (*US Financial Accounting Standards Board*).

No Capítulo 1, o CFC chama a atenção para os seguintes tópicos que estão salientados nas Bases para Conclusões emitidas pelos IASB e FASB para justificarem as modificações e emitirem esta nova versão da Estrutura Conceitual:

(a) posicionamento mais claro de que as informações contidas nos relatórios contábil-financeiros se destinam primariamente aos seguintes usuários externos: investidores, financiadores e outros credores, sem hierarquia de prioridade;

(b) não foram aceitas as sugestões enviadas durante a audiência pública, feita por aqueles órgãos, no sentido de que caberia, na Estrutura Conceitual, com o objetivo da denominada 'manutenção da estabilidade econômica', a possibilidade de postergação de informações sobre certas alterações nos ativos ou nos passivos. Pelo contrário, ficou firmada a posição de que prover prontamente informação fidedigna e relevante pode melhorar a confiança do usuário e assim contribuir para a promoção da estabilidade econômica.

No Capítulo 3, as principais mudanças também salientadas nas Bases para Conclusões foram as seguintes:

Divisão das características qualitativas da informação contábil--financeira em:

(a) características qualitativas fundamentais (*fundamental qualitative characteristics* – relevância e representação fidedigna), as mais críticas; e

(b) características qualitativas de melhoria (*enhancing qualitative characteristics* – comparabilidade, verificabilidade, tempestividade e compreensibilidade), menos críticas, mas ainda assim altamente desejáveis.

A característica qualitativa *confiabilidade* foi redenominada de *representação fidedigna;* as justificativas constam das Bases para Conclusões.

A característica *essência sobre a forma* foi formalmente retirada da condição de componente separado da *representação fidedigna*, por ser considerado isso uma redundância. A representação pela forma legal que difira da substância econômica não pode resultar em *representação fidedigna*, conforme citam as Bases para Conclusões. Assim, *essência sobre a forma* continua, na realidade, bandeira insubstituível nas normas do IASB.

A característica *prudência (conservadorismo)* foi também retirada da condição de aspecto da representação fidedigna por ser inconsistente com a *neutralidade*. Subavaliações de ativos e superavaliações de passivos, segundo os *Boards* mencionam nas Bases para Conclusões, com consequentes registros de desempenhos posteriores inflados, são incompatíveis com a informação que pretende ser neutra.

INTRODUÇÃO

As demonstrações contábeis são elaboradas e apresentadas para usuários externos em geral, tendo em vista suas finalidades distintas e necessidades diversas. Governos, órgãos reguladores ou autoridades tributárias, por exemplo, podem determinar especificamente exigências para atender a seus próprios interesses. Essas exigências, no entanto, não devem afetar as demonstrações contábeis elaboradas segundo esta Estrutura Conceitual.

Demonstrações contábeis elaboradas dentro do que prescreve esta Estrutura Conceitual objetivam fornecer informações que sejam úteis na tomada de decisões econômicas e avaliações por parte dos usuários em geral, não tendo o propósito de atender finalidade ou necessidade específica de determinados grupos de usuários.

Demonstrações contábeis elaboradas com tal finalidade satisfazem as necessidades comuns da maioria dos seus usuários, uma vez que quase todos eles utilizam essas demonstrações contábeis para a tomada de decisões econômicas, tais como:

(a) decidir quando comprar, manter ou vender instrumentos patrimoniais;

(b) avaliar a administração da entidade quanto à responsabilidade que lhe tenha sido conferida e quanto à qualidade de seu desempenho e de sua prestação de contas;

(c) avaliar a capacidade de a entidade pagar seus empregados e proporcionar-lhes outros benefícios;

(d) avaliar a segurança quanto à recuperação dos recursos financeiros emprestados à entidade;

(e) determinar políticas tributárias;

(f) determinar a distribuição de lucros e dividendos;

(g) elaborar e usar estatísticas da renda nacional; ou

(h) regulamentar as atividades das entidades.

106 TEORIA DA CONTABILIDADE

As demonstrações contábeis são mais comumente elaboradas segundo modelo baseado no custo histórico recuperável e no conceito da manutenção do capital financeiro nominal. Outros modelos e conceitos podem ser considerados mais apropriados para atingir o objetivo de proporcionar informações que sejam úteis para tomada de decisões econômicas, embora não haja presentemente consenso nesse sentido.

Esta Estrutura Conceitual foi desenvolvida de forma a ser aplicável a uma gama de modelos contábeis e conceitos de capital e sua manutenção.

FINALIDADE E STATUS

Esta Estrutura Conceitual estabelece os conceitos que fundamentam a elaboração e a apresentação de demonstrações contábeis destinadas a usuários externos. A finalidade desta Estrutura Conceitual é:

(h) dar suporte ao desenvolvimento de novas normas, interpretações e comunicados técnicos e à revisão dos já existentes, quando necessário;

(i) dar suporte à promoção da harmonização das regulações, das normas contábeis e dos procedimentos relacionados à apresentação das demonstrações contábeis, provendo uma base para a redução do número de tratamentos contábeis alternativos permitidos pelas normas, interpretações e comunicados técnicos;

(j) dar suporte aos órgãos reguladores nacionais;

(k) auxiliar os responsáveis pela elaboração das demonstrações contábeis na aplicação das normas, interpretações e comunicados técnicos e no tratamento de assuntos que ainda não tenham sido objeto desses documentos;

(l) auxiliar os auditores independentes a formar sua opinião sobre a conformidade das demonstrações contábeis com as normas, interpretações e comunicados técnicos;

Capítulo 7 – Íntegra da Resolução CFC n° 1.374/11 **107**

(m) auxiliar os usuários das demonstrações contábeis na interpretação de informações nelas contidas, elaboradas em conformidade com as normas, interpretações e comunicados técnicos; e

(n) proporcionar aos interessados informações sobre o enfoque adotado na formulação das normas, das interpretações e dos comunicados técnicos.

Esta Estrutura Conceitual não é uma norma propriamente dita e, portanto, não define normas ou procedimentos para qualquer questão particular sobre aspectos de mensuração ou divulgação. Nada nesta Estrutura Conceitual substitui qualquer norma, interpretação ou comunicado técnico.

Pode haver um número limitado de casos em que seja observado um conflito entre esta Estrutura Conceitual e uma norma, uma interpretação ou um comunicado técnico. Nesses casos, as exigências da norma, da interpretação ou do comunicado técnico específicos devem prevalecer sobre esta Estrutura Conceitual. Entretanto, à medida que futuras normas, interpretações e comunicados técnicos sejam desenvolvidos ou revisados tendo como norte esta Estrutura Conceitual, o número de casos de conflito entre esta Estrutura Conceitual e eles tende a diminuir.

Esta Estrutura Conceitual será revisada de tempos em tempos com base na experiência decorrente de sua utilização.

ALCANCE

Esta Estrutura Conceitual aborda:

(a) o objetivo da elaboração e divulgação de relatório contábil-financeiro;

(b) as características qualitativas da informação contábil-financeira útil;

(c) a definição, o reconhecimento e a mensuração dos elementos a partir dos quais as demonstrações contábeis são elaboradas; e

(d) os conceitos de capital e de manutenção de capital.

CAPÍTULO 1: OBJETIVO DO RELATÓRIO CONTÁBIL-FINANCEIRO DE PROPÓSITO GERAL

Índice	Item
INTRODUÇÃO	**OB1**
OBJETIVO, UTILIDADE E LIMITAÇÕES DO RELATÓRIO CONTÁBIL-FINANCEIRO DE PROPÓSITO GERAL	**OB2 – OB11**
INFORMAÇÃO ACERCA DOS RECURSOS ECONÔMICOS DA ENTIDADE QUE REPORTA A INFORMAÇÃO, REIVINDICAÇÕES E MUDANÇAS NOS RECURSOS E REIVINDICAÇÕES	**OB12 – OB21**
Recursos econômicos e reivindicações	**OB13 – OB14**
Mudanças nos recursos econômicos e reivindicações	**OB15 – OB21**
Performance financeira refletida pelo regime de competência (*accruals*)	**OB17 – OB19**
Performance financeira refletida pelos fluxos de caixa passados	**OB20**
Mudanças nos recursos econômicos e reivindicações que não são resultantes da performance financeira	**OB21**

INTRODUÇÃO

OB1. O objetivo da elaboração e divulgação de relatório contábil-financeiro de propósito geral constitui o pilar da Estrutura Conceitual. Outros aspectos da Estrutura Conceitual – como o conceito de entidade que reporta a informação, as características qualitativas da informação contábil-financeira útil e suas restrições, os elementos das demonstrações contábeis, o reconhecimento, a mensuração, a apresentação e a evidenciação – fluem logicamente desse objetivo.

Objetivo, utilidade e limitações do relatório contábil-financeiro de propósito geral

OB2. O objetivo do relatório contábil-financeiro de propósito geral (*) é fornecer informações contábil-financeiras acerca da entidade que reporta essa informação (*reporting entity*) que sejam úteis a investidores existentes e em potencial, a credores por empréstimos e a outros credores, quando da tomada decisão ligada ao fornecimento de recursos para a entidade. Essas decisões envolvem comprar, vender ou manter participações em instrumentos patrimoniais e em instrumentos de dívida, e a oferecer ou disponibilizar empréstimos ou outras formas de crédito.

OB3. Decisões a serem tomadas por investidores existentes e em potencial relacionadas a comprar, vender ou manter instrumentos patrimoniais e instrumentos de dívida dependem do retorno esperado dos investimentos feitos nos referidos instrumentos, por exemplo: dividendos, pagamentos de principal e de juros ou acréscimos nos preços de mercado. Similarmente, decisões a serem tomadas por credores por empréstimos e por outros credores, existentes ou em potencial, relacionadas a oferecer ou disponibilizar empréstimos ou outras formas de crédito, dependem dos pagamentos de principal e de juros ou de outros retornos que eles esperam. As expectativas de investidores, credores por empréstimos e outros credores em termos de retorno dependem da avaliação destes quanto ao montante, tempestividade e incertezas (as perspectivas) associados aos fluxos de caixa futuros de entrada para a entidade. Consequentemente, investidores existentes e em potencial, credores por empréstimo e outros credores necessitam de informação para auxiliá-los na avaliação das

---

* Ao longo de toda a Estrutura Conceitual, os termos *relatório contábil-financeiro* e elaboração e divulgação de relatório contábil-financeiro referem-se a *informações contábil-financeiras com propósito geral*, a menos que haja indicação específica em contrário.

110 TEORIA DA CONTABILIDADE

perspectivas em termos de entrada de fluxos de caixa futuros para a entidade.

OB4. Para avaliar as perspectivas da entidade em termos de entrada de fluxos de caixa futuros, investidores existentes e em potencial, credores por empréstimo e outros credores necessitam de informação acerca de recursos da entidade, reivindicações contra a entidade, e o quão eficiente e efetivamente a administração da entidade e seu conselho de administração (*) têm cumprido com suas responsabilidades no uso dos recursos da entidade. Exemplos de referidas responsabilidades incluem a proteção de recursos da entidade de efeitos desfavoráveis advindos de fatos econômicos, como, por exemplo, mudanças de preço e de tecnologia, e a garantia de que a entidade tem cumprido as leis, com a regulação e com as disposições contratuais vigentes. Informações sobre a aprovação do cumprimento de suas responsabilidades são também úteis para decisões a serem tomadas por investidores existentes, credores por empréstimo e outros que tenham o direito de votar ou de outro modo exerçam influência nos atos praticados pela administração.

OB5. Muitos investidores, credores por empréstimo e outros credores, existentes e em potencial, não podem requerer que as entidades que reportam a informação prestem a eles diretamente as informações de que necessitam, devendo desse modo confiar nos relatórios contábil-financeiros de propósito geral, para grande parte da informação contábil-financeira que buscam. Consequentemente, eles são os usuários primários para quem relatórios contábil-financeiros de propósito geral são direcionados.

OB6. Entretanto, relatórios contábil-financeiros de propósito geral não atendem e não podem atender a todas as informações de que investidores, credores por empréstimo e outros credores,

---

* Ao longo de toda a Estrutura Conceitual, o termo *administração* refere-se tanto à diretoria executiva quanto ao conselho de administração ou órgãos similares, a menos que haja indicação específica em contrário.

existentes e em potencial, necessitam. Esses usuários precisam considerar informação pertinente de outras fontes, como, por exemplo, condições econômicas gerais e expectativas, eventos políticos e clima político, e perspectivas e panorama para a indústria e para a entidade.

OB7. Relatórios contábil-financeiros de propósito geral não são elaborados para se chegar ao valor da entidade que reporta a informação; a rigor, fornecem informação para auxiliar investidores, credores por empréstimo e outros credores, existentes e em potencial, a estimarem o valor da entidade que reporta a informação.

OB8. Usuários primários individuais têm diferentes, e possivelmente conflitantes, desejos e necessidades de informação. Este Conselho Federal de Contabilidade, ao levar à frente o processo de produção de suas normas, irá procurar proporcionar um conjunto de informações que atenda às necessidades do número máximo de usuários primários. Contudo, a concentração em necessidades comuns de informação não impede que a entidade que reporta a informação preste informações adicionais que sejam mais úteis a um subconjunto particular de usuários primários.

OB9. A administração da entidade que reporta a informação está também interessada em informação contábil-financeira sobre a entidade. Contudo, a administração não precisa apoiar-se em relatórios contábil-financeiros de propósito geral uma vez que é capaz de obter a informação contábil-financeira de que precisa internamente.

OB10. Outras partes interessadas, como, por exemplo, órgãos reguladores e membros do público que não sejam investidores, credores por empréstimo e outros credores, podem do mesmo modo achar úteis relatórios contábil-financeiros de propósito geral. Contudo, esses relatórios não são direcionados primariamente a esses outros grupos.

112 TEORIA DA CONTABILIDADE

OB11. Em larga extensão, os relatórios contábil-financeiros são baseados em estimativas, julgamentos e modelos e não em descrições ou retratos exatos. A Estrutura Conceitual estabelece os conceitos que devem amparar tais estimativas, julgamentos e modelos. Os conceitos representam o objetivo que este CFC e os elaboradores dos relatórios contábil-financeiros devem se empenhar em alcançar. Assim como a maioria dos objetivos, a visão contida na Estrutura Conceitual do que sejam a elaboração e a divulgação do relatório contábil-financeiro ideal é improvável de ser atingida em sua totalidade, pelo menos no curto prazo, visto que se requer tempo para a compreensão, aceitação e implementação de novas formas de analisar transações e outros eventos. Não obstante, o estabelecimento de objetivo a ser alcançado com empenho é essencial para que o processo de elaboração e divulgação de relatório contábil-financeiro venha a evoluir e tenha sua utilidade aprimorada.

Informação acerca dos recursos econômicos da entidade que reporta a informação, reivindicações e mudanças nos recursos e reivindicações

OB12. Relatórios contábil-financeiros de propósito geral fornecem informação acerca da posição patrimonial e financeira da entidade que reporta a informação, a qual representa informação sobre os recursos econômicos da entidade e reivindicações contra a entidade que reporta a informação. Relatórios contábil-financeiros também fornecem informação sobre os efeitos de transações e outros eventos que alteram os recursos econômicos da entidade que reporta a informação e reivindicações contra ela. Ambos os tipos de informação fornecem dados de entrada úteis para decisões ligadas ao fornecimento de recursos para a entidade.

Recursos econômicos e reivindicações

OB13. Informação sobre a natureza e os montantes de recursos econômicos e reivindicações da entidade que reporta a informa-

Capítulo 7 – Íntegra da Resolução CFC n° 1.374/11 **113**

ção pode auxiliar usuários a identificarem a fraqueza e o vigor financeiro da entidade que reporta a informação. Essa informação pode auxiliar os usuários a avaliar a liquidez e a solvência da entidade que reporta a informação, suas necessidades em termos de financiamento adicional e o quão provavelmente bem-sucedido será seu intento em angariar esse financiamento. Informações sobre as prioridades e as exigências de pagamento de reivindicações vigentes ajudam os usuários a predizer de que forma fluxos de caixa futuros serão distribuídos entre aqueles com reivindicações contra a entidade que reporta a informação.

OB14. Diferentes tipos de recursos econômicos afetam diferentemente a avaliação dos usuários acerca das perspectivas da entidade que reporta a informação em termos de fluxos de caixa futuros. Alguns fluxos de caixa futuros resultam diretamente de recursos econômicos existentes, como, por exemplo, contas a receber. Outros fluxos de caixa resultam do uso variado de recursos combinados com vistas à produção e venda de produtos e serviços aos clientes. Muito embora fluxos de caixa não possam ser identificados com recursos econômicos individuais (ou reivindicações), usuários dos relatórios contábil-financeiros precisam saber a natureza e o montante dos recursos disponíveis para uso nas operações da entidade que reporta a informação.

Mudanças nos recursos econômicos e reivindicações

OB15. Mudanças nos recursos econômicos e reivindicações da entidade que reporta a informação resultam da performance financeira da entidade (ver itens OB17 a OB20) e de outros eventos ou transações, como, por exemplo, a emissão de títulos de dívida ou de títulos patrimoniais (ver item OB21). Para poder avaliar adequadamente as perspectivas de fluxos de caixa futuros da entidade que reporta a informação, os usuários precisam estar aptos a distinguir a natureza dessas mudanças.

OB16. Informações sobre a performance financeira da entidade que reporta a informação auxiliam os usuários a compreender o

114 TEORIA DA CONTABILIDADE

retorno que a entidade tenha produzido sobre os seus recursos econômicos. Informações sobre o retorno que a entidade tenha produzido servem como indicativo de quão diligente a administração tem sido no desempenho de suas responsabilidades para tornar eficiente e eficaz o uso dos recursos da entidade que reporta a informação. Informações sobre a variabilidade e sobre os componentes desse retorno também são importantes, especialmente para avaliação das incertezas associadas a fluxos de caixa futuros. Informações sobre a performance financeira passada da entidade que reporta a informação e sobre o quão diligente a administração tem sido no desempenho de suas responsabilidades são do mesmo modo úteis para predição de retornos futuros da entidade sobre os seus recursos econômicos.

Performance financeira refletida pelo regime de competência (*accruals*)

OB17. O regime de competência retrata com propriedade os efeitos de transações e outros eventos e circunstâncias sobre os recursos econômicos e reivindicações da entidade que reporta a informação nos períodos em que ditos efeitos são produzidos, ainda que os recebimentos e pagamentos em caixa derivados ocorram em períodos distintos. Isso é importante em função de a informação sobre os recursos econômicos e reivindicações da entidade que reporta a informação, e sobre as mudanças nesses recursos econômicos e reivindicações ao longo de um período, fornecer melhor base de avaliação da performance passada e futura da entidade do que a informação puramente baseada em recebimentos e pagamentos em caixa ao longo desse mesmo período.

OB18. Informações sobre a performance financeira da entidade que reporta a informação durante um período que são reflexos de mudanças em seus recursos econômicos e reivindicações, e não da obtenção adicional de recursos diretamente de investidores e credores (ver item OB21), são úteis para avaliar a capacidade passada e futura da entidade na geração de fluxos de caixa líquidos. Essas

Capítulo 7 – Íntegra da Resolução CFC nº 1.374/11 **115**

informações servem de indicativos da extensão em que a entidade que reporta a informação tenha aumentado seus recursos econômicos disponíveis, e dessa forma sua capacidade de gerar fluxos de caixa líquidos por meio de suas operações e não pela obtenção de recursos adicionais diretamente de investidores e credores.

OB19. Informações sobre a performance financeira da entidade que reporta a informação durante um período também podem ser indicativos da extensão em que determinados eventos, tais como mudanças nos preços de mercado ou nas taxas de juros, tenham provocado aumento ou diminuição nos recursos econômicos e reivindicações da entidade, afetando por conseguinte a capacidade de a entidade gerar a entrada de fluxos de caixa líquidos.

Performance financeira refletida pelos fluxos de caixa passados

OB20. Informações sobre os fluxos de caixa da entidade que reporta a informação durante um período também ajudam os usuários a avaliar a capacidade de a entidade gerar fluxos de caixa futuros líquidos. Elas indicam como a entidade que reporta a informação obtém e despende caixa, incluindo informações sobre seus empréstimos e resgate de títulos de dívida, dividendos em caixa e outras distribuições em caixa para seus investidores, e outros fatores que podem afetar a liquidez e a solvência da entidade. Informações sobre os fluxos de caixa auxiliam os usuários a compreender as operações da entidade que reporta a informação, a avaliar suas atividades de financiamento e investimento, a avaliar sua liquidez e solvência e a interpretar outras informações acerca de sua performance financeira.

Mudanças nos recursos econômicos e reivindicações que não são resultantes da performance financeira

OB21. Os recursos econômicos e reivindicações da entidade que reporta a informação podem ainda mudar por outras razões que não sejam resultantes de sua performance financeira, como é o caso

116 TEORIA DA CONTABILIDADE

da emissão adicional de suas ações. Informações sobre esse tipo de mudança são necessárias para dar aos usuários uma completa compreensão do porquê das mudanças nos recursos econômicos e reivindicações da entidade que reporta a informação e as implicações dessas mudanças em sua futura performance financeira.

CAPÍTULO 2: A ENTIDADE QUE REPORTA A INFORMAÇÃO

[a ser acrescentado futuramente](*)

CAPÍTULO 3: CARACTERÍSTICAS QUALITATIVAS DA INFORMAÇÃO CONTÁBIL-FINANCEIRA ÚTIL

Índice	Item
INTRODUÇÃO	**QC1 – QC3**
CARACTERÍSTICAS QUALITATIVAS DA INFORMAÇÃO CONTÁBIL-FINANCEIRA ÚTIL	**QC4 – QC34**
Características qualitativas fundamentais	**QC5 – QC18**
Relevância	**QC6 – QC11**
Materialidade	**QC11**
Representação fidedigna	**QC12 – QC16**
Aplicação das características qualitativas fundamentais	**QC17 – QC18**
Características qualitativas de melhoria	**QC19 – QC34**
Comparabilidade	**QC20 – QC25**
Verificabilidade	**QC26 – QC28**
Tempestividade	**QC29**

---

* Transcrição fiel do capítulo 2 da referida resolução na data do fechamento desta edição (7.6.2012). (*Nota do autor*)

Capítulo 7 – Íntegra da Resolução CFC n° 1.374/11 **117**

Índice	Item
Compreensibilidade	**QC30 – QC32**
Aplicação das características qualitativas de melhoria	**QC33 – QC34**
RESTRIÇÃO DE CUSTO NA ELABORAÇÃO E DIVULGAÇÃO DA INFORMAÇÃO CONTÁBIL-FINANCEIRA ÚTIL	**QC35 – QC39**

INTRODUÇÃO

QC1. As características qualitativas da informação contábil-financeira útil, discutidas neste capítulo, identificam os tipos de informação que muito provavelmente são reputadas como as mais úteis para investidores, credores por empréstimos e outros credores, existentes e em potencial, para tomada de decisões acerca da entidade que reporta com base na informação contida nos seus relatórios contábil-financeiros (informação contábil-financeira).

QC2. Os relatórios contábil-financeiros fornecem informação sobre os recursos econômicos da entidade que reporta a informação, sobre reivindicações contra a entidade que reporta a informação e os efeitos de transações e outros eventos e condições que modificam esses recursos e reivindicações. (Essa informação é referenciada na Estrutura Conceitual como sendo uma informação sobre o fenômeno econômico). Alguns relatórios contábil-financeiros também incluem material explicativo sobre as expectativas da administração e sobre as estratégias para a entidade que reporta a informação, bem como outros tipos de informação sobre o futuro (*forward-looking information*).

QC3. As características qualitativas da informação contábil-financeira útil (*) devem ser aplicadas à informação contábil-financeira fornecida pelas demonstrações contábeis, assim como à

---

* Ao longo de toda esta Estrutura Conceitual, os termos características qualitativas e restrição irão se referir a características qualitativas da informação contábil-financeira útil e à restrição da informação contábil-financeira útil.

118 TEORIA DA CONTABILIDADE

informação contábil-financeira fornecida por outros meios. O custo de gerar a informação, que é uma restrição sempre presente na entidade no processo de fornecer informação contábil-financeira útil, deve ser observado similarmente. No entanto, as considerações a serem tecidas quando da aplicação das características qualitativas e da restrição do custo podem ser diferentes para diferentes tipos de informação. Por exemplo, aplicá-las à informação sobre o futuro (*forward-looking information*) pode ser diferente de aplicá-las à informação sobre recursos econômicos e reivindicações existentes e sobre mudanças nesses recursos e reivindicações.

Características qualitativas da informação contábil-financeira útil

QC4. Se a informação contábil-financeira é para ser útil, ela precisa ser relevante e representar com fidedignidade o que se propõe a representar. A utilidade da informação contábil-financeira é melhorada se ela for comparável, verificável, tempestiva e compreensível.

Características qualitativas fundamentais

QC5. As características qualitativas fundamentais são relevância e representação fidedigna.

Relevância

QC6. Informação contábil-financeira relevante é aquela capaz de fazer diferença nas decisões que possam ser tomadas pelos usuários. A informação pode ser capaz de fazer diferença em uma decisão mesmo no caso de alguns usuários decidirem não a levar em consideração, ou já tiver tomado ciência de sua existência por outras fontes.

QC7. A informação contábil-financeira é capaz de fazer diferença nas decisões se tiver valor preditivo, valor confirmatório ou ambos.

Capítulo 7 – Íntegra da Resolução CFC n° 1.374/11 **119**

QC8. A informação contábil-financeira tem valor preditivo se puder ser utilizada como dado de entrada em processos empregados pelos usuários para predizer futuros resultados. A informação contábil-financeira não precisa ser uma predição ou uma projeção para que possua valor preditivo. A informação contábil-financeira com valor preditivo é empregada pelos usuários ao fazerem suas próprias predições.

QC9. A informação contábil-financeira tem valor confirmatório se retroalimentar – servir de *feedback* – avaliações prévias (confirmá-las ou alterá-las).

QC10. O valor preditivo e o valor confirmatório da informação contábil-financeira estão inter-relacionados. A informação que tem valor preditivo muitas vezes também tem valor confirmatório. Por exemplo, a informação sobre receita para o ano corrente, a qual pode ser utilizada como base para predizer receitas para anos futuros, também pode ser comparada com predições de receita para o ano corrente que foram feitas nos anos anteriores. Os resultados dessas comparações podem auxiliar os usuários a corrigirem e a melhorarem os processos que foram utilizados para fazer tais predições.

Materialidade

QC11. A informação é material se a sua omissão ou sua divulgação distorcida (*misstating*) puder influenciar decisões que os usuários tomam com base na informação contábil-financeira acerca de entidade específica que reporta a informação. Em outras palavras, a materialidade é um aspecto de relevância específico da entidade baseado na natureza ou na magnitude, ou em ambos, dos itens para os quais a informação está relacionada no contexto do relatório contábil-financeiro de uma entidade em particular. Consequentemente, não se pode especificar um limite quantitativo uniforme para materialidade ou predeterminar o que seria julgado material para uma situação particular.

Representação fidedigna

QC12. Os relatórios contábil-financeiros representam um fenômeno econômico em palavras e números. Para ser útil, a informação contábil-financeira não tem só que representar um fenômeno relevante, mas tem também que representar com fidedignidade o fenômeno que se propõe representar. Para ser representação perfeitamente fidedigna, a realidade retratada precisa ter três atributos. Ela tem que ser completa, neutra e livre de erro. É claro, a perfeição é rara, se de fato alcançável. O objetivo é maximizar referidos atributos na extensão que seja possível.

QC13. O retrato da realidade econômica completo deve incluir toda a informação necessária para que o usuário compreenda o fenômeno sendo retratado, incluindo todas as descrições e explicações necessárias. Por exemplo, um retrato completo de um grupo de ativos incluiria, no mínimo, a descrição da natureza dos ativos que compõem o grupo, o retrato numérico de todos os ativos que compõem o grupo, e a descrição acerca do que o retrato numérico representa (por exemplo, custo histórico original, custo histórico ajustado ou valor justo). Para alguns itens, um retrato completo pode considerar ainda explicações de fatos significativos sobre a qualidade e a natureza desses itens, fatos e circunstâncias que podem afetar a qualidade e a natureza deles, e os processos utilizados para determinar os números retratados.

QC14. Um retrato neutro da realidade econômica é desprovido de viés na seleção ou na apresentação da informação contábil-financeira. Um retrato neutro não deve ser distorcido com contornos que possa receber dando a ele maior ou menor peso, ênfase maior ou menor, ou qualquer outro tipo de manipulação que aumente a probabilidade de a informação contábil-financeira ser recebida pelos seus usuários de modo favorável ou desfavorável. Informação neutra não significa informação sem propósito ou sem influência no comportamento dos usuários. A bem da verdade, informação contábil-financeira relevante, por definição, é aquela capaz de fazer diferença nas decisões tomadas pelos usuários.

QC15. Representação fidedigna não significa exatidão em todos os aspectos. Um retrato da realidade econômica livre de erros significa que não há erros ou omissões no fenômeno retratado, e que o processo utilizado, para produzir a informação reportada, foi selecionado e foi aplicado livre de erros. Nesse sentido, um retrato da realidade econômica livre de erros não significa algo perfeitamente exato em todos os aspectos. Por exemplo, a estimativa de preço ou valor não observável não pode ser qualificada como sendo algo exato ou inexato. Entretanto, a representação dessa estimativa pode ser considerada fidedigna se o montante for descrito claramente e precisamente como sendo uma estimativa, se a natureza e as limitações do processo forem devidamente reveladas, e nenhum erro tiver sido cometido na seleção e aplicação do processo apropriado para desenvolvimento da estimativa.

QC16. Representação fidedigna, por si só, não resulta necessariamente em informação útil. Por exemplo, a entidade que reporta a informação pode receber um item do imobilizado por meio de subvenção governamental. Obviamente, a entidade ao reportar que adquiriu um ativo sem custo retrataria com fidedignidade o custo desse ativo, porém essa informação provavelmente não seria muito útil. Outro exemplo mais sutil seria a estimativa do montante por meio do qual o valor contábil do ativo seria ajustado para refletir a perda por desvalorização no seu valor (*impairment loss*). Essa estimativa pode ser uma representação fidedigna se a entidade que reporta a informação tiver aplicado com propriedade o processo apropriado, tiver descrito com propriedade a estimativa e tiver revelado quaisquer incertezas que afetam significativamente a estimativa. Entretanto, se o nível de incerteza de referida estimativa for suficientemente alto, a estimativa não será particularmente útil. Em outras palavras, a relevância do ativo que está sendo representado com fidedignidade

122 TEORIA DA CONTABILIDADE

será questionável. Se não existir outra alternativa para retratar a realidade econômica que seja mais fidedigna, a estimativa nesse caso deve ser considerada a melhor informação disponível.

Aplicação das características qualitativas fundamentais

QC17. A informação precisa concomitantemente ser relevante e representar com fidedignidade a realidade reportada para ser útil. Nem a representação fidedigna de fenômeno irrelevante, tampouco a representação não fidedigna de fenômeno relevante auxiliam os usuários a tomarem boas decisões.

QC18. O processo mais eficiente e mais efetivo para aplicação das características qualitativas fundamentais usualmente seria o que segue (sujeito aos efeitos das características de melhoria e à restrição do custo, que não são considerados neste exemplo). Primeiro, identificar o fenômeno econômico que tenha o potencial de ser útil para os usuários da informação contábil-financeira reportada pela entidade. Segundo, identificar o tipo de informação sobre o fenômeno que seria mais relevante se estivesse disponível e que poderia ser representado com fidedignidade. Terceiro, determinar se a informação está disponível e pode ser representada com fidedignidade. Dessa forma, o processo de satisfazer as características qualitativas fundamentais chega ao seu fim. Caso contrário, o processo deve ser repetido a partir do próximo tipo de informação mais relevante.

Características qualitativas de melhoria

QC19. Comparabilidade, verificabilidade, tempestividade e compreensibilidade são características qualitativas que melhoram a utilidade da informação que é relevante e que é representada com fidedignidade. As características qualitativas de melhoria podem também auxiliar a determinar qual de duas alternativas que sejam consideradas equivalentes em termos de relevância e fidedignidade de representação deve ser usada para retratar um fenômeno.

Comparabilidade

QC20. As decisões de usuários implicam escolhas entre alternativas, como, por exemplo, vender ou manter um investimento, ou investir em uma entidade ou noutra. Consequentemente, a informação acerca da entidade que reporta informação será mais útil caso possa ser comparada com informação similar sobre outras entidades e com informação similar sobre a mesma entidade para outro período ou para outra data.

QC21. Comparabilidade é a característica qualitativa que permite que os usuários identifiquem e compreendam similaridades dos itens e diferenças entre eles. Diferentemente de outras características qualitativas, a comparabilidade não está relacionada com um único item. A comparação requer no mínimo dois itens.

QC22. Consistência, embora esteja relacionada com a comparabilidade, não significa o mesmo. Consistência refere-se ao uso dos mesmos métodos para os mesmos itens, tanto de um período para outro considerando a mesma entidade que reporta a informação, quanto para um único período entre entidades. Comparabilidade é o objetivo; a consistência auxilia a alcançar esse objetivo.

QC23. Comparabilidade não significa uniformidade. Para que a informação seja comparável, coisas iguais precisam parecer iguais e coisas diferentes precisam parecer diferentes. A comparabilidade da informação contábil-financeira não é aprimorada ao se fazer com que coisas diferentes pareçam iguais ou ainda ao se fazer coisas iguais parecerem diferentes.

QC24. Algum grau de comparabilidade é possivelmente obtido por meio da satisfação das características qualitativas fundamentais. A representação fidedigna de fenômeno econômico relevante deve possuir naturalmente algum grau de comparabilidade com a representação fidedigna de fenômeno econômico relevante similar de outra entidade que reporta a informação.

124 TEORIA DA CONTABILIDADE

QC25. Muito embora um fenômeno econômico singular possa ser representado com fidedignidade de múltiplas formas, a discricionariedade na escolha de métodos contábeis alternativos para o mesmo fenômeno econômico diminui a comparabilidade.

Verificabilidade

QC26. A verificabilidade ajuda a assegurar aos usuários que a informação representa fidedignamente o fenômeno econômico que se propõe representar. A verificabilidade significa que diferentes observadores, cônscios e independentes, podem chegar a um consenso, embora não cheguem necessariamente a um completo acordo, quanto ao retrato de uma realidade econômica em particular ser uma representação fidedigna. Informação quantificável não necessita ser um único ponto estimado para ser verificável. Uma faixa de possíveis montantes com suas probabilidades respectivas pode também ser verificável.

QC27. A verificação pode ser direta ou indireta. Verificação direta significa verificar um montante ou outra representação por meio de observação direta, como, por exemplo, por meio da contagem de caixa. Verificação indireta significa checar os dados de entrada do modelo, fórmula ou outra técnica e recalcular os resultados obtidos por meio da aplicação da mesma metodologia. Um exemplo é a verificação do valor contábil dos estoques por meio da checagem dos dados de entrada (quantidades e custos) e por meio do recálculo do saldo final dos estoques utilizando a mesma premissa adotada no fluxo do custo (por exemplo, utilizando o método PEPS).

QC28. Pode não ser possível verificar algumas explicações e alguma informação contábil-financeira sobre o futuro (*forward-looking information*) até que o período futuro seja totalmente alcançado. Para ajudar os usuários a decidir se desejam usar dita informação, é normalmente necessário divulgar as premissas subjacentes, os métodos de obtenção da informação e outros fatores e circunstâncias que suportam a informação.

Tempestividade

QC29. Tempestividade significa ter informação disponível para tomadores de decisão a tempo de poder influenciá-los em suas decisões. Em geral, a informação mais antiga é a que tem menos utilidade. Contudo, certa informação pode ter o seu atributo tempestividade prolongado após o encerramento do período contábil, em decorrência de alguns usuários, por exemplo, necessitarem identificar e avaliar tendências.

Compreensibilidade

QC30. Classificar, caracterizar e apresentar a informação com clareza e concisão torna-a compreensível.

QC31. Certos fenômenos são inerentemente complexos e não podem ser facilmente compreendidos. A exclusão de informações sobre esses fenômenos dos relatórios contábil-financeiros pode tornar a informação constante em referidos relatórios mais facilmente compreendida. Contudo, referidos relatórios seriam considerados incompletos e potencialmente distorcidos (*misleading*).

QC32. Relatórios contábil-financeiros são elaborados para usuários que têm conhecimento razoável de negócios e de atividades econômicas e que revisem e analisem a informação diligentemente. Por vezes, mesmo os usuários bem informados e diligentes podem sentir a necessidade de procurar ajuda de consultor para compreensão da informação sobre um fenômeno econômico complexo.

Aplicação das características qualitativas de melhoria

QC33. Características qualitativas de melhoria devem ser maximizadas na extensão possível. Entretanto, as características qualitativas de melhoria, quer sejam individualmente ou em grupo, não podem tornar a informação útil se dita informação for irrelevante ou não for representação fidedigna.

126 TEORIA DA CONTABILIDADE

QC34. A aplicação das características qualitativas de melhoria é um processo iterativo que não segue uma ordem preestabelecida. Algumas vezes, uma característica qualitativa de melhoria pode ter que ser diminuída para maximização de outra característica qualitativa. Por exemplo, a redução temporária na comparabilidade como resultado da aplicação prospectiva de uma nova norma contábil-financeira pode ser vantajosa para o aprimoramento da relevância ou da representação fidedigna no longo prazo. Divulgações apropriadas podem parcialmente compensar a não comparabilidade.

Restrição de custo na elaboração e divulgação de relatório contábil-financeiro útil

QC35. O custo de gerar a informação é uma restrição sempre presente na entidade no processo de elaboração e divulgação de relatório contábil-financeiro. O processo de elaboração e divulgação de relatório contábil-financeiro impõe custos, sendo importante que ditos custos sejam justificados pelos benefícios gerados pela divulgação da informação. Existem variados tipos de custos e benefícios a considerar.

QC36. Fornecedores de informação contábil-financeira envidam grande parte de seus esforços na coleta, no processamento, na verificação e na disseminação de informação contábil-financeira, mas os usuários em última instância pagam por esses custos na forma de retornos reduzidos. Usuários de informação contábil-financeira também incorrem em custos de análise e interpretação de informação fornecida. Se a informação demandada não é fornecida, os usuários incorrem em custos adicionais de obtenção da informação por meio de outras fontes ou por meio de sua estimativa.

QC37. A elaboração e divulgação de relatório contábil-financeiro que seja relevante e que represente com fidedignidade o que se propõe representar auxilia os usuários a tomarem decisões com grau de confiança maior. Isso resulta em funcionamento mais

Capítulo 7 – Íntegra da Resolução CFC n° 1.374/11 **127**

eficiente dos mercados de capitais e em custo menor de capital para a economia como um todo. O investidor individual, o credor por empréstimo ou outro credor também se beneficiam desse processo por meio de decisões assentadas na melhor informação. Entretanto, não é possível para relatórios contábil-financeiros de propósito geral fornecer toda e qualquer informação que todo usuário repute ser relevante.

QC38. Na aplicação da restrição do custo, avalia-se se os benefícios proporcionados pela elaboração e divulgação de informação em particular são provavelmente justificados pelos custos incorridos para fornecimento e uso dessa informação. Quando da aplicação da restrição do custo no desenvolvimento do padrão proposto de elaboração e divulgação, o órgão normatizador deve procurar se informar junto aos fornecedores da informação, usuários, auditores independentes, acadêmicos e outros agentes sobre a natureza e quantidade esperada de benefícios e custos desse padrão. Em grande parte dos casos, as avaliações são baseadas na combinação de informação quantitativa e qualitativa.

QC39. Em função da subjetividade inerente ao processo, as avaliações de diferentes indivíduos acerca dos custos e benefícios da elaboração e divulgação de itens particulares de informação contábil-financeira devem variar. Dessa forma, o órgão normatizador deve procurar tomar por base os custos e benefícios com relação à elaboração e à divulgação de modo geral, e não somente em relação a entidades individuais que reportam a informação. Isso não quer dizer que as avaliações de custos e benefícios sempre são justificadas pelas mesmas exigências de divulgação para todas as entidades. Diferenças podem ser apropriadas em decorrência dos tamanhos variados das entidades, das diferentes formas de captação de capital (publicamente ou privadamente), das diferentes necessidades de usuários ou de outros fatores.

128 TEORIA DA CONTABILIDADE

CAPÍTULO 4: ESTRUTURA CONCEITUAL PARA A ELABORAÇÃO E APRESENTAÇÃO DAS DEMONSTRAÇÕES CONTÁBEIS: TEXTO REMANESCENTE

Índice	Item
PREMISSA SUBJACENTE	**4.1**
Continuidade	**4.1**
ELEMENTOS DAS DEMONSTRAÇÕES CONTÁBEIS	**4.2 – 4.36**
Posição patrimonial e financeira	**4.4 – 4.7**
Ativos	**4.8 – 4.14**
Passivos	**4.15 – 4.19**
Patrimônio líquido	**4.20 – 4.23**
Performance	**4.24 – 4.28**
Receitas	**4.29 – 4.32**
Despesas	**4.33 – 4.35**
Ajustes para manutenção de capital	**4.36**
RECONHECIMENTO DOS ELEMENTOS DAS DEMONSTRAÇÕES CONTÁBEIS	**4.37 – 4.53**
Probabilidade de futuros benefícios econômicos	**4.40**
Confiabilidade da mensuração	**4.41 – 4.43**
Reconhecimento de ativos	**4.44 – 4.45**
Reconhecimento de passivos	**4.46**
Reconhecimento de receitas	**4.47 – 4.48**
Reconhecimento de despesas	**4.49 – 4.53**
MENSURAÇÃO DOS ELEMENTOS DAS DEMONSTRAÇÕES CONTÁBEIS	**4.54 – 4.56**

Índice	Item
CONCEITOS DE CAPITAL E DE MANUTENÇÃO DE CAPITAL	4.57 – 4.65
Conceitos de capital	4.57 – 4.58
Conceitos de manutenção de capital e determinação do lucro	4.59 – 4.65

> O *texto remanescente da Estrutura Conceitual para a Elaboração e Apresentação das Demonstrações Contábeis anteriormente emitida não foi emendado para refletir quaisquer alterações implementadas pela NBC TG 26 – Apresentação das Demonstrações Contábeis (a IAS 1 que o espelha foi revisada pelo IASB em 2007).*
>
> O *texto remanescente será atualizado quando forem revisitados conceitualmente os elementos das demonstrações contábeis e suas bases de mensuração.*

PREMISSA SUBJACENTE

Continuidade

4.1. As demonstrações contábeis normalmente são elaboradas tendo como premissa que a entidade está em atividade (*going concern assumption*) e irá manter-se em operação por um futuro previsível. Desse modo, parte-se do pressuposto de que a entidade não tem a intenção, nem tampouco a necessidade, de entrar em processo de liquidação ou de reduzir materialmente a escala de suas operações. Por outro lado, se essa intenção ou necessidade existir, as demonstrações contábeis podem ter que ser elaboradas em bases diferentes e, nesse caso, a base de elaboração utilizada deve ser divulgada.

Elementos das demonstrações contábeis

4.2. As demonstrações contábeis retratam os efeitos patrimoniais e financeiros das transações e outros eventos, por meio do grupamento dos mesmos em classes amplas de acordo com as suas características econômicas. Essas classes amplas são denomina-

130 TEORIA DA CONTABILIDADE

das de elementos das demonstrações contábeis. Os elementos diretamente relacionados à mensuração da posição patrimonial e financeira no balanço patrimonial são os ativos, os passivos e o patrimônio líquido. Os elementos diretamente relacionados com a mensuração do desempenho na demonstração do resultado são as receitas e as despesas. A demonstração das mutações na posição financeira usualmente reflete os elementos da demonstração do resultado e as alterações nos elementos do balanço patrimonial. Assim, esta Estrutura Conceitual não identifica qualquer elemento que seja exclusivo dessa demonstração.

4.3. A apresentação desses elementos no balanço patrimonial e na demonstração do resultado envolve um processo de subclassificação. Por exemplo, ativos e passivos podem ser classificados por sua natureza ou função nos negócios da entidade, a fim de mostrar as informações da maneira mais útil aos usuários para fins de tomada de decisões econômicas.

Posição patrimonial e financeira

4.4. Os elementos diretamente relacionados com a mensuração da posição patrimonial e financeira são os ativos, os passivos e o patrimônio líquido. Estes são definidos como segue:

(a) ativo é um recurso controlado pela entidade como resultado de eventos passados e do qual se espera que fluam futuros benefícios econômicos para a entidade;

(b) passivo é uma obrigação presente da entidade, derivada de eventos passados, cuja liquidação se espera que resulte na saída de recursos da entidade capazes de gerar benefícios econômicos;

(c) patrimônio líquido é o interesse residual nos ativos da entidade depois de deduzidos todos os seus passivos.

4.5. As definições de ativo e de passivo identificam suas características essenciais, mas não procuram especificar os critérios que precisam ser observados para que eles possam ser reconhecidos no balanço patrimonial. Desse modo, as definições abrangem itens que não são reconhecidos como ativos ou como passivos no balanço patrimonial em função de não satisfazerem os critérios de reconhecimento discutidos nos itens 4.37 a 4.53. Especificamente, a expectativa de que futuros benefícios econômicos fluam para a entidade ou saiam da entidade deve ser suficientemente certa para que seja observado o critério de probabilidade do item 4.38, antes que um ativo ou um passivo seja reconhecido.

4.6. Ao avaliar se um item se enquadra na definição de ativo, passivo ou patrimônio líquido, deve-se atentar para a sua essência subjacente e realidade econômica e não apenas para sua forma legal. Assim, por exemplo, no caso do arrendamento mercantil financeiro, a essência subjacente e a realidade econômica são a de que o arrendatário adquire os benefícios econômicos do uso do ativo arrendado pela maior parte da sua vida útil, em contraprestação de aceitar a obrigação de pagar por esse direito valor próximo do valor justo do ativo e o respectivo encargo financeiro. Dessa forma, o arrendamento mercantil financeiro dá origem a itens que satisfazem à definição de ativo e de passivo e, portanto, devem ser reconhecidos como tais no balanço patrimonial do arrendatário.

4.7. Balanços patrimoniais elaborados de acordo com as normas, interpretações e comunicados técnicos vigentes podem incluir itens que não satisfaçam às definições de ativo ou de passivo e que não sejam tratados como parte do patrimônio líquido. As definições estabelecidas no item 4.4 devem, por outro lado, subsidiar futuras revisões a serem promovidas nos documentos vigentes, bem como na formulação de normas, interpretações e comunicados técnicos adicionais.

Ativos

4.8. O benefício econômico futuro incorporado a um ativo é o seu potencial em contribuir, direta ou indiretamente, para o fluxo

132 TEORIA DA CONTABILIDADE

de caixa ou equivalentes de caixa para a entidade. Tal potencial pode ser produtivo, quando o recurso for parte integrante das atividades operacionais da entidade. Pode também ter a forma de conversibilidade em caixa ou equivalentes de caixa ou pode ainda ser capaz de reduzir as saídas de caixa, como no caso de processo industrial alternativo que reduza os custos de produção.

4.9. A entidade geralmente emprega os seus ativos na produção de bens ou na prestação de serviços capazes de satisfazer os desejos e as necessidades dos consumidores. Tendo em vista que esses bens ou serviços podem satisfazer esses desejos ou necessidades, os consumidores se predispõem a pagar por eles e a contribuir assim para o fluxo de caixa da entidade. O caixa por si só rende serviços para a entidade, visto que exerce um comando sobre os demais recursos.

4.10. Os benefícios econômicos futuros incorporados a um ativo podem fluir para a entidade de diversas maneiras. Por exemplo, o ativo pode ser:

(a) usado isoladamente ou em conjunto com outros ativos na produção de bens ou na prestação de serviços a serem vendidos pela entidade;

(b) trocado por outros ativos;

(c) usado para liquidar um passivo; ou

(d) distribuído aos proprietários da entidade.

4.11. Muitos ativos, como, por exemplo, itens do imobilizado, têm forma física. Entretanto, a forma física não é essencial para a existência de ativo. Assim sendo, as patentes e os direitos autorais, por exemplo, são considerados ativos, caso deles sejam esperados que benefícios econômicos futuros fluam para a entidade e caso eles sejam por ela controlados.

4.12. Muitos ativos, como, por exemplo, contas a receber e imóveis, estão associados a direitos legais, incluindo o direito de propriedade.

Ao determinar a existência do ativo, o direito de propriedade não é essencial. Assim, por exemplo, um imóvel objeto de arrendamento mercantil será um ativo, caso a entidade controle os benefícios econômicos que são esperados que fluam da propriedade. Embora a capacidade de a entidade controlar os benefícios econômicos normalmente resulte da existência de direitos legais, o item pode, contudo, satisfazer à definição de ativo mesmo quando não houver controle legal. Por exemplo, o conhecimento (*know-how*) obtido por meio da atividade de desenvolvimento de produto pode satisfazer à definição de ativo quando, mantendo esse conhecimento (*know-how*) em segredo, a entidade controlar os benefícios econômicos que são esperados que fluam desse ativo.

4.13. Os ativos da entidade resultam de transações passadas ou de outros eventos passados. As entidades normalmente obtêm ativos por meio de sua compra ou produção, mas outras transações ou eventos podem gerar ativos. Por exemplo, um imóvel recebido de ente governamental como parte de programa para fomentar o crescimento econômico de dada região ou a descoberta de jazidas minerais. Transações ou eventos previstos para ocorrer no futuro não dão origem, por si só, ao surgimento de ativos. Desse modo, por exemplo, a intenção de adquirir estoques não atende, por si só, à definição de ativo.

4.14. Há uma forte associação entre incorrer em gastos e gerar ativos, mas ambas as atividades não são necessariamente indissociáveis. Assim, o fato de a entidade ter incorrido em gasto pode fornecer uma evidência de busca por futuros benefícios econômicos, mas não é prova conclusiva de que um item que satisfaça à definição de ativo tenha sido obtido. De modo análogo, a ausência de gasto relacionado não impede que um item satisfaça à definição de ativo e se qualifique para reconhecimento no balanço patrimonial. Por exemplo, itens que foram doados à entidade podem satisfazer à definição de ativo.

134 TEORIA DA CONTABILIDADE

Passivos

4.15. Uma característica essencial para a existência de passivo é que a entidade tenha uma obrigação presente. Uma obrigação é um dever ou responsabilidade de agir ou de desempenhar uma dada tarefa de certa maneira. As obrigações podem ser legalmente exigíveis em consequência de contrato ou de exigências estatutárias. Esse é normalmente o caso, por exemplo, das contas a pagar por bens e serviços recebidos. Entretanto, obrigações surgem também de práticas usuais do negócio, de usos e costumes e do desejo de manter boas relações comerciais ou agir de maneira equitativa. Desse modo, se, por exemplo, a entidade que decida, por questão de política mercadológica ou de imagem, retificar defeitos em seus produtos, mesmo quando tais defeitos tenham se tornado conhecidos depois da expiração do período da garantia, as importâncias que espera gastar com os produtos já vendidos constituem passivos.

4.16. Deve-se fazer uma distinção entre obrigação presente e compromisso futuro. A decisão da administração de uma entidade para adquirir ativos no futuro não dá origem, por si só, a uma obrigação presente. A obrigação normalmente surge somente quando um ativo é entregue ou a entidade ingressa em acordo irrevogável para adquirir o ativo. Nesse último caso, a natureza irrevogável do acordo significa que as consequências econômicas de deixar de cumprir a obrigação, como, por exemplo, em função da existência de penalidade contratual significativa, deixam a entidade com pouca, caso haja alguma, liberdade para evitar o desembolso de recursos em favor da outra parte.

4.17. A liquidação de uma obrigação presente geralmente implica a utilização, pela entidade, de recursos incorporados de benefícios econômicos a fim de satisfazer a demanda da outra parte. A liquidação de uma obrigação presente pode ocorrer de diversas maneiras, como, por exemplo, por meio de:

(a) pagamento em caixa;

(b) transferência de outros ativos;

(c) prestação de serviços;

(d) substituição da obrigação por outra; ou conversão da obrigação em item do patrimônio líquido.

(e) A obrigação pode também ser extinta por outros meios, tais como pela renúncia do credor ou pela perda dos seus direitos.

4.18. Passivos resultam de transações ou outros eventos passados. Assim, por exemplo, a aquisição de bens e o uso de serviços dão origem a contas a pagar (a não ser que pagos adiantadamente ou na entrega) e o recebimento de empréstimo bancário resulta na obrigação de honrá-lo no vencimento. A entidade também pode ter a necessidade de reconhecer como passivo os futuros abatimentos baseados no volume das compras anuais dos clientes. Nesse caso, a venda de bens no passado é a transação que dá origem ao passivo.

4.19. Alguns passivos somente podem ser mensurados por meio do emprego de significativo grau de estimativa. No Brasil, denominam-se esses passivos de provisões. A definição de passivo, constante do item 4.4, segue uma abordagem ampla. Desse modo, caso a provisão envolva uma obrigação presente e satisfaça os demais critérios da definição, ela é um passivo, ainda que seu montante tenha que ser estimado. Exemplos concretos incluem provisões para pagamentos a serem feitos para satisfazer acordos com garantias em vigor e provisões para fazer face a obrigações de aposentadoria.

Patrimônio líquido

4.20. Embora o patrimônio líquido seja definido no item 4.4 como algo residual, ele pode ter subclassificações no balanço patrimonial. Por exemplo, na sociedade por ações, recursos aportados pelos sócios, reservas resultantes de retenções de lucros e reservas representando ajustes para manutenção do capital podem ser demonstrados separadamente. Tais classificações podem ser relevantes para a tomada de decisão dos usuários das demonstrações contábeis quando indicarem restrições legais ou de outra natureza sobre a capacidade que a entidade tem de distribuir ou aplicar de outra forma os seus recursos patrimoniais. Podem também refletir o fato de que determinadas partes com direitos de propriedade sobre a entidade têm direitos diferentes com relação ao recebimento de dividendos ou ao reembolso de capital.

4.21. A constituição de reservas é, por vezes, exigida pelo estatuto ou por lei para dar à entidade e seus credores uma margem maior de proteção contra os efeitos de prejuízos. Outras reservas podem ser constituídas em atendimento a leis que concedem isenções ou reduções nos impostos a pagar quando são feitas transferências para tais reservas. A existência e o tamanho de tais reservas legais, estatutárias e fiscais representam informações que podem ser importantes para a tomada de decisão dos usuários. As transferências para tais reservas são apropriações de lucros acumulados, portanto, não constituem despesas.

4.22. O montante pelo qual o patrimônio líquido é apresentado no balanço patrimonial depende da mensuração dos ativos e passivos. Normalmente, o montante agregado do patrimônio líquido somente por coincidência corresponde ao valor de mercado agregado das ações da entidade ou da soma que poderia ser obtida pela venda dos seus ativos líquidos numa base de item por item, ou da entidade como um todo, tomando por base a premissa da continuidade (*going concern basis*).

4.23. Atividades comerciais e industriais, bem como outros negócios são frequentemente exercidos por meio de firmas individuais, sociedades limitadas, entidades estatais e outras organizações cujas estruturas, legal e regulamentar, em regra, são diferentes daquelas aplicáveis às sociedades por ações. Por exemplo, pode haver poucas restrições, caso haja, sobre a distribuição aos proprietários ou a outros beneficiários de montantes

Capítulo 7 – Íntegra da Resolução CFC n° 1.374/11 **137**

incluídos no patrimônio líquido. Não obstante, a definição de patrimônio líquido e os outros aspectos dessa Estrutura Conceitual que tratam do patrimônio líquido são igualmente aplicáveis a tais entidades.

Performance

4.24. O resultado é frequentemente utilizado como medida de performance ou como base para outras medidas, tais como o retorno do investimento ou o resultado por ação. Os elementos diretamente relacionados com a mensuração do resultado são as receitas e as despesas. O reconhecimento e a mensuração das receitas e despesas e, consequentemente, do resultado, dependem em parte dos conceitos de capital e de manutenção de capital adotados pela entidade na elaboração de suas demonstrações contábeis. Esses conceitos estão expostos nos itens 4.57 a 4.65.

4.25. Os elementos de receitas e despesas são definidos como segue:

(a) receitas são aumentos nos benefícios econômicos durante o período contábil, sob a forma da entrada de recursos ou do aumento de ativos ou diminuição de passivos, que resultam em aumentos do patrimônio líquido, e que não estejam relacionados com a contribuição dos detentores dos instrumentos patrimoniais;

(b) despesas são decréscimos nos benefícios econômicos durante o período contábil, sob a forma da saída de recursos ou da redução de ativos ou assunção de passivos, que resultam em decréscimo do patrimônio líquido, e que não estejam relacionados com distribuições aos detentores dos instrumentos patrimoniais.

4.26. As definições de receitas e despesas identificam suas características essenciais, mas não são uma tentativa de especificar os critérios que precisam ser satisfeitos para que sejam reconhecidas na demonstração do resultado. Os critérios para o reconhecimento das receitas e despesas estão expostos nos itens 4.37 a 4.53.

138 TEORIA DA CONTABILIDADE

4.27. As receitas e as despesas podem ser apresentadas na demonstração do resultado de diferentes maneiras, de modo a serem prestadas informações relevantes para a tomada de decisões econômicas. Por exemplo, é prática comum distinguir os itens de receitas e despesas que surgem no curso das atividades usuais da entidade daqueles que não surgem. Essa distinção é feita considerando que a origem de um item é relevante para a avaliação da capacidade que a entidade tem de gerar caixa ou equivalentes de caixa no futuro. Por exemplo, atividades incidentais como a venda de um investimento de longo prazo são improváveis de voltarem a ocorrer em base regular. Quando da distinção dos itens dessa forma, deve-se levar em conta a natureza da entidade e suas operações. Itens que resultam das atividades usuais de uma entidade podem não ser usuais em outras entidades.

4.28. A distinção entre itens de receitas e de despesas e a sua combinação de diferentes maneiras também permitem demonstrar várias formas de medir a performance da entidade, com maior ou menor grau de abrangência dos itens. Por exemplo, a demonstração do resultado pode apresentar a margem bruta, o lucro ou o prejuízo das atividades usuais antes dos tributos sobre o resultado, o lucro ou o prejuízo das atividades usuais depois desses tributos e o lucro ou prejuízo líquido.

Receitas

4.29. A definição de receita abrange tanto receitas propriamente ditas quanto ganhos. A receita surge no curso das atividades usuais da entidade e é designada por uma variedade de nomes, tais como vendas, honorários, juros, dividendos, royalties, aluguéis.

4.30. Ganhos representam outros itens que se enquadram na definição de receita e podem ou não surgir no curso das atividades usuais da entidade, representando aumentos nos benefícios econômicos e, como tais, não diferem, em natureza, das receitas. Consequentemente, não são considerados como elemento separado nesta Estrutura Conceitual.

Capítulo 7 – Íntegra da Resolução CFC nº 1.374/11 **139**

4.31. Ganhos incluem, por exemplo, aqueles que resultam da venda de ativos não circulantes. A definição de receita também inclui ganhos não realizados. Por exemplo, os que resultam da reavaliação de títulos e valores mobiliários negociáveis e os que resultam de aumentos no valor contábil de ativos de longo prazo. Quando esses ganhos são reconhecidos na demonstração do resultado, eles são usualmente apresentados separadamente, porque sua divulgação é útil para fins de tomada de decisões econômicas. Os ganhos são, em regra, reportados líquidos das respectivas despesas.

4.32. Vários tipos de ativos podem ser recebidos ou aumentados por meio da receita; exemplos incluem caixa, contas a receber, bens e serviços recebidos em troca de bens e serviços fornecidos. A receita também pode resultar da liquidação de passivos. Por exemplo, a entidade pode fornecer mercadorias e serviços ao credor por empréstimo em liquidação da obrigação de pagar o empréstimo.

Despesas

4.33. A definição de despesas abrange tanto as perdas quanto as despesas propriamente ditas que surgem no curso das atividades usuais da entidade. As despesas que surgem no curso das atividades usuais da entidade incluem, por exemplo, o custo das vendas, salários e depreciação. Geralmente, tomam a forma de desembolso ou redução de ativos como caixa e equivalentes de caixa, estoques e ativo imobilizado.

4.34. Perdas representam outros itens que se enquadram na definição de despesas e podem ou não surgir no curso das atividades usuais da entidade, representando decréscimos nos benefícios econômicos e, como tais, não diferem, em natureza, das demais despesas. Consequentemente, não são consideradas como elemento separado nesta Estrutura Conceitual.

140 TEORIA DA CONTABILIDADE

4.35. Perdas incluem, por exemplo, as que resultam de sinistros como incêndio e inundações, assim como as que decorrem da venda de ativos não circulantes. A definição de despesas também inclui as perdas não realizadas. Por exemplo, as que surgem dos efeitos dos aumentos na taxa de câmbio de moeda estrangeira com relação aos empréstimos da entidade a pagar em tal moeda. Quando as perdas são reconhecidas na demonstração do resultado, elas são geralmente demonstradas separadamente, pois sua divulgação é útil para fins de tomada de decisões econômicas. As perdas são, em regra, reportadas líquidas das respectivas receitas.

Ajustes para manutenção de capital

4.36. A reavaliação ou a atualização de ativos e passivos dão margem a aumentos ou a diminuições do patrimônio líquido. Embora tais aumentos ou diminuições se enquadrem na definição de receitas e de despesas, sob certos conceitos de manutenção de capital eles não são incluídos na demonstração do resultado. Em vez disso, tais itens são incluídos no patrimônio líquido como ajustes para manutenção do capital ou reservas de reavaliação. Esses conceitos de manutenção de capital estão expostos nos itens 4.57 a 4.65 desta Estrutura Conceitual.

Reconhecimento dos elementos das demonstrações contábeis

4.37. Reconhecimento é o processo que consiste na incorporação ao balanço patrimonial ou à demonstração do resultado de item que se enquadre na definição de elemento e que satisfaça os critérios de reconhecimento mencionados no item 4.38. Envolve a descrição do item, a mensuração do seu montante monetário e a sua inclusão no balanço patrimonial ou na demonstração do resultado. Os itens que satisfazem os critérios de reconhecimento devem ser reconhecidos no balanço patrimonial ou na demonstração do resultado. A falta de reconhecimento de tais itens não é corrigida pela divulgação das práticas contábeis adotadas nem tampouco pelas notas explicativas ou material elucidativo.

Capítulo 7 – Íntegra da Resolução CFC n° 1.374/11   **141**

4.38. Um item que se enquadre na definição de um elemento deve ser reconhecido se:

(a) for provável que algum benefício econômico futuro associado ao item flua para a entidade ou flua da entidade; e

(b) o item tiver custo ou valor que possa ser mensurado com confiabilidade (*).

4.39. Ao avaliar se um item se enquadra nesses critérios e, portanto, se qualifica para fins de reconhecimento nas demonstrações contábeis, é necessário considerar as observações sobre materialidade registradas no Capítulo 3 – Características Qualitativas da Informação Contábil-Financeira Útil. O inter-relacionamento entre os elementos significa que um item que se enquadre na definição e nos critérios de reconhecimento de determinado elemento, por exemplo, um ativo, requer automaticamente o reconhecimento de outro elemento, por exemplo, uma receita ou um passivo.

Probabilidade de futuros benefícios econômicos

4.40. O conceito de probabilidade deve ser adotado nos critérios de reconhecimento para determinar o grau de incerteza com que os benefícios econômicos futuros referentes ao item venham a fluir para a entidade ou a fluir da entidade. O conceito está em conformidade com a incerteza que caracteriza o ambiente no qual a entidade opera. As avaliações acerca do grau de incerteza atrelado ao fluxo de benefícios econômicos futuros devem ser feitas com base na evidência disponível quando as demonstrações contábeis são elaboradas. Por exemplo, quando for provável que uma conta a receber devida à entidade será paga pelo devedor, é então justificável, na ausência de qualquer evidência em contrário, reconhecer a conta a receber como ativo. Para uma ampla população de contas a receber, entretanto, algum grau

---

* A informação é confiável quando ela é completa, neutra e livre de erro.

142 TEORIA DA CONTABILIDADE

de inadimplência é normalmente considerado provável; dessa forma, reconhece-se como despesa a esperada redução nos benefícios econômicos.

Confiabilidade da mensuração

4.41. O segundo critério para reconhecimento de um item é que ele possua custo ou valor que possa ser mensurado com confiabilidade. Em muitos casos, o custo ou valor precisa ser estimado; o uso de estimativas razoáveis é parte essencial da elaboração das demonstrações contábeis e não prejudica a sua confiabilidade. Quando, entretanto, não puder ser feita estimativa razoável, o item não deve ser reconhecido no balanço patrimonial ou na demonstração do resultado. Por exemplo, o valor que se espera receber de uma ação judicial pode enquadrar-se nas definições tanto de ativo quanto de receita, assim como nos critérios probabilísticos exigidos para reconhecimento. Todavia, se não é possível mensurar com confiabilidade o montante que será recebido, ele não deve ser reconhecido como ativo ou receita. A existência da reclamação deve ser, entretanto, divulgada nas notas explicativas ou nos quadros suplementares.

4.42. Um item que, em determinado momento, deixe de se enquadrar nos critérios de reconhecimento constantes do item 4.38 pode qualificar-se para reconhecimento em data posterior, como resultado de circunstâncias ou eventos subsequentes.

4.43. Um item que possui as características essenciais de elemento, mas não atende aos critérios para reconhecimento pode, contudo, requerer sua divulgação em notas explicativas, em material explicativo ou em quadros suplementares. Isso é apropriado quando a divulgação do item for considerada relevante para a avaliação da posição patrimonial e financeira, do desempenho e das mutações na posição financeira da entidade por parte dos usuários das demonstrações contábeis.

Reconhecimento de ativos

4.44. Um ativo deve ser reconhecido no balanço patrimonial quando for provável que benefícios econômicos futuros dele provenientes fluirão para a entidade e seu custo ou valor puder ser mensurado com confiabilidade.

4.45. Um ativo não deve ser reconhecido no balanço patrimonial quando os gastos incorridos não proporcionarem a expectativa provável de geração de benefícios econômicos para a entidade além do período contábil corrente. Ao invés disso, tal transação deve ser reconhecida como despesa na demonstração do resultado. Esse tratamento não implica dizer que a intenção da administração ao incorrer nos gastos não tenha sido a de gerar benefícios econômicos futuros para a entidade ou que a administração tenha sido mal conduzida. A única implicação é que o grau de certeza quanto à geração de benefícios econômicos para a entidade, além do período contábil corrente, é insuficiente para garantir o reconhecimento do ativo.

Reconhecimento de passivos

4.46. Um passivo deve ser reconhecido no balanço patrimonial quando for provável que uma saída de recursos detentores de benefícios econômicos seja exigida em liquidação de obrigação presente e o valor pelo qual essa liquidação se dará puder ser mensurado com confiabilidade. Na prática, as obrigações originadas de contratos ainda não integralmente cumpridos de modo proporcional – *proportionately unperformed* (por exemplo, passivos decorrentes de pedidos de compra de produtos e mercadorias ainda não recebidos) – não são geralmente reconhecidas como passivos nas demonstrações contábeis. Contudo, tais obrigações podem enquadrar-se na definição de passivos caso sejam atendidos os critérios de reconhecimento nas circunstâncias específicas, e podem qualificar-se para reconhecimento. Nesses casos, o reconhecimento dos passivos exige o reconhecimento dos correspondentes ativos ou despesas.

144 TEORIA DA CONTABILIDADE

Reconhecimento de receitas

4.47. A receita deve ser reconhecida na demonstração do resultado quando resultar em aumento nos benefícios econômicos futuros relacionado com aumento de ativo ou com diminuição de passivo, e puder ser mensurado com confiabilidade. Isso significa, na prática, que o reconhecimento da receita ocorre simultaneamente com o reconhecimento do aumento nos ativos ou da diminuição nos passivos (por exemplo, o aumento líquido nos ativos originado da venda de bens e serviços ou o decréscimo do passivo originado do perdão de dívida a ser paga).

4.48. Os procedimentos normalmente adotados, na prática, para reconhecimento da receita, como, por exemplo, a exigência de que a receita tenha sido ganha, são aplicações dos critérios de reconhecimento definidos nesta Estrutura Conceitual. Tais procedimentos são geralmente direcionados para restringir o reconhecimento como receita àqueles itens que possam ser mensurados com confiabilidade e tenham suficiente grau de certeza.

Reconhecimento de despesas

4.49. As despesas devem ser reconhecidas na demonstração do resultado quando resultarem em decréscimo nos benefícios econômicos futuros, relacionado com o decréscimo de um ativo ou o aumento de um passivo, e puder ser mensurado com confiabilidade. Isso significa, na prática, que o reconhecimento da despesa ocorre simultaneamente com o reconhecimento de aumento nos passivos ou de diminuição nos ativos (por exemplo, a alocação por competência de obrigações trabalhistas ou da depreciação de equipamento).

4.50. As despesas devem ser reconhecidas na demonstração do resultado com base na associação direta entre elas e os correspondentes itens de receita. Esse processo, usualmente chamado de confrontação entre despesas e receitas (regime de competência), envolve o reconhecimento simultâneo ou combinado das receitas e despesas que resultem diretamente ou conjuntamente das mesmas transações ou outros eventos. Por exemplo, os vários componentes de despesas que integram o custo das mercadorias vendidas devem ser reconhecidos no mesmo momento em que a receita derivada da venda das mercadorias é reconhecida. Contudo, a aplicação do conceito de confrontação, de acordo com esta Estrutura Conceitual, não autoriza o reconhecimento de itens no balanço patrimonial que não satisfaçam à definição de ativos ou passivos.

4.51. Quando se espera que os benefícios econômicos sejam gerados ao longo de vários períodos contábeis e a associação com a correspondente receita somente possa ser feita de modo geral e indireto, as despesas devem ser reconhecidas na demonstração do resultado com base em procedimentos de alocação sistemática e racional. Muitas vezes isso é necessário ao reconhecer despesas associadas com o uso ou o consumo de ativos, tais como itens do imobilizado, ágio pela expectativa de rentabilidade futura (*goodwill*), marcas e patentes. Em tais casos, a despesa é designada como depreciação ou amortização. Esses procedimentos de alocação destinam-se a reconhecer despesas nos períodos contábeis em que os benefícios econômicos associados a tais itens sejam consumidos ou expirem.

4.52. A despesa deve ser reconhecida imediatamente na demonstração do resultado quando o gasto não produzir benefícios econômicos futuros ou quando, e na extensão em que, os benefícios econômicos futuros não se qualificarem, ou deixarem de se qualificar, para reconhecimento no balanço patrimonial como ativo.

4.53. A despesa também deve ser reconhecida na demonstração do resultado nos casos em que um passivo é incorrido sem o correspondente reconhecimento de ativo, como no caso de passivo decorrente de garantia de produto.

Mensuração dos elementos das demonstrações contábeis

4.54. Mensuração é o processo que consiste em determinar os montantes monetários por meio dos quais os elementos das demonstrações contábeis devem ser reconhecidos e apresentados no balanço patrimonial e na demonstração do resultado. Esse processo envolve a seleção da base específica de mensuração.

4.55. Um número variado de bases de mensuração é empregado em diferentes graus e em variadas combinações nas demonstrações contábeis. Essas bases incluem o que segue:

(a) *Custo histórico.* Os ativos são registrados pelos montantes pagos em caixa ou equivalentes de caixa ou pelo valor justo dos recursos entregues para adquiri-los na data da aquisição. Os passivos são registrados pelos montantes dos recursos recebidos em troca da obrigação ou, em algumas circunstâncias (como, por exemplo, imposto de renda), pelos montantes em caixa ou equivalentes de caixa se espera serão necessários para liquidar o passivo no curso normal das operações.

(b) *Custo corrente.* Os ativos são mantidos pelos montantes em caixa ou equivalentes de caixa que teriam de ser pagos se esses mesmos ativos ou ativos equivalentes fossem adquiridos na data do balanço. Os passivos são reconhecidos pelos montantes em caixa ou equivalentes de caixa, não descontados, que se espera seriam necessários para liquidar a obrigação na data do balanço.

(c) *Valor realizável* (valor de realização ou de liquidação). Os ativos são mantidos pelos montantes em caixa ou equivalentes de caixa que poderiam ser obtidos pela sua venda em forma ordenada. Os passivos são mantidos pelos seus montantes de liquidação, isto é, pelos montantes em caixa ou equivalentes de caixa, não descontados, que se espera serão pagos para liquidar as correspondentes obrigações no curso normal das operações.

(d) *Valor presente.* Os ativos são mantidos pelo valor presente, descontado, dos fluxos futuros de entradas líquidas de caixa que

Capítulo 7 – Íntegra da Resolução CFC n° 1.374/11 **147**

se espera seja gerado pelo item no curso normal das operações. Os passivos são mantidos pelo valor presente, descontado, dos fluxos futuros de saídas líquidas de caixa que se espera serão necessários para liquidar o passivo no curso normal das operações.

4.56. A base de mensuração mais comumente adotada pelas entidades na elaboração de suas demonstrações contábeis é o custo histórico. Ele é normalmente combinado com outras bases de mensuração. Por exemplo, os estoques são geralmente mantidos pelo menor valor entre o custo e o valor líquido de realização, os títulos e valores mobiliários negociáveis podem em determinadas circunstâncias ser mantidos a valor de mercado e os passivos decorrentes de pensões são mantidos pelo seu valor presente. Ademais, em algumas circunstâncias, determinadas entidades usam a base de custo corrente como resposta à incapacidade de o modelo contábil de custo histórico enfrentar os efeitos das mudanças de preços dos ativos não monetários.

Conceitos de capital e de manutenção de capital

Conceitos de capital

4.57. O conceito de capital financeiro (ou monetário) é adotado pela maioria das entidades na elaboração de suas demonstrações contábeis. De acordo com o conceito de capital financeiro, tal como o dinheiro investido ou o seu poder de compra investido, o capital é sinônimo de ativos líquidos ou patrimônio líquido da entidade. Segundo o conceito de capital físico, tal como capacidade operacional, o capital é considerado como a capacidade produtiva da entidade baseada, por exemplo, nas unidades de produção diária.

4.58. A seleção do conceito de capital apropriado para a entidade deve estar baseada nas necessidades dos usuários das demonstrações contábeis. Assim, o conceito de capital financeiro deve ser adotado se os usuários das demonstrações contábeis estiverem primariamente interessados na manutenção do capital

148 TEORIA DA CONTABILIDADE

nominal investido ou no poder de compra do capital investido. Se, contudo, a principal preocupação dos usuários for com a capacidade operacional da entidade, o conceito de capital físico deve ser adotado. O conceito escolhido indica o objetivo a ser alcançado na determinação do lucro, mesmo que possa haver algumas dificuldades de mensuração ao tornar operacional o conceito.

Conceitos de manutenção de capital e determinação do lucro

4.59. Os conceitos de capital mencionados no item 4.57 dão origem aos seguintes conceitos de manutenção de capital:

(a) *Manutenção do capital financeiro*. De acordo com esse conceito, o lucro é considerado auferido somente se o montante financeiro (ou dinheiro) dos ativos líquidos no fim do período exceder o seu montante financeiro (ou dinheiro) no começo do período, depois de excluídas quaisquer distribuições aos proprietários e seus aportes de capital durante o período. A manutenção do capital financeiro pode ser medida em qualquer unidade monetária nominal ou em unidades de poder aquisitivo constante.

(b) *Manutenção do capital físico*. De acordo com esse conceito, o lucro é considerado auferido somente se a capacidade física produtiva (ou capacidade operacional) da entidade (ou os recursos ou fundos necessários para atingir essa capacidade) no fim do período exceder a capacidade física produtiva no início do período, depois de excluídas quaisquer distribuições aos proprietários e seus aportes de capital durante o período.

4.60. O conceito de manutenção de capital está relacionado com a forma pela qual a entidade define o capital que ela procura manter. Ele representa um elo entre os conceitos de capital e os conceitos de lucro, pois fornece um ponto de referência para medição do lucro; é uma condição essencial para distinção entre o retorno sobre o capital da entidade e a recuperação do capital; somente os ingressos de ativos que excedam os montantes necessários para manutenção do capital podem ser considerados como lucro e, portanto, como retorno sobre o capital. Portanto, o lucro é o montante remanescente depois que as despesas (inclusive os ajustes de manutenção do capital, quando for apropriado) tiverem sido deduzidas do resultado. Se as despesas excederem as receitas, o montante residual será um prejuízo.

4.61. O conceito de manutenção do capital físico requer a adoção do custo corrente como base de mensuração. O conceito de manutenção do capital financeiro, entretanto, não requer o uso de uma base específica de mensuração. A escolha da base conforme este conceito depende do tipo de capital financeiro que a entidade está procurando manter.

4.62. A principal diferença entre os dois conceitos de manutenção de capital está no tratamento dos efeitos das mudanças nos preços dos ativos e passivos da entidade. Em termos gerais, a entidade terá mantido seu capital se ela tiver tanto capital no fim do período como tinha no início, computados os efeitos das distribuições aos proprietários e seus aportes para o capital durante esse período. Qualquer valor além daquele necessário para manter o capital do início do período é lucro.

4.63. De acordo com o conceito de manutenção do capital financeiro, por meio do qual o capital é definido em termos de unidades monetárias nominais, o lucro representa o aumento do capital monetário nominal ao longo do período. Assim, os aumentos nos preços de ativos mantidos ao longo do período, convencionalmente designados como ganhos de estocagem, são, conceitualmente, lucros. Entretanto, eles podem não ser reconhecidos como tais até que os ativos sejam realizados mediante transação de troca. Quando o conceito de manutenção do capital financeiro é definido em termos de unidades de poder aquisitivo constante, o lucro representa o aumento no poder de compra investido ao longo do período. Assim, somente a parcela do aumento nos preços dos ativos que exceder o aumento no nível geral de preços é

150 TEORIA DA CONTABILIDADE

considerada como lucro. O restante do aumento é tratado como ajuste para manutenção do capital e, consequentemente, como parte integrante do patrimônio líquido.

4.64. De acordo com o conceito de manutenção do capital físico, quando o capital é definido em termos de capacidade física produtiva, o lucro representa o aumento desse capital ao longo do período. Todas as mudanças de preços afetando ativos e passivos da entidade são vistas, nesse conceito, como mudanças na mensuração da capacidade física produtiva da entidade. Assim sendo, devem ser tratadas como ajustes para manutenção do capital, que são parte do patrimônio líquido, e não como lucro.

4.65. A seleção das bases de mensuração e do conceito de manutenção de capital é que determina o modelo contábil a ser utilizado na elaboração das demonstrações contábeis. Diferentes modelos contábeis apresentam diferentes graus de relevância e confiabilidade e, como em outras áreas, a administração deve buscar o equilíbrio entre a relevância e a confiabilidade. Esta Estrutura Conceitual é aplicável ao elenco de modelos contábeis e fornece orientação para elaboração e apresentação das demonstrações contábeis elaboradas conforme o modelo escolhido. No momento presente, não é intenção do CFC eleger um modelo em particular a não ser em circunstâncias excepcionais. Essa intenção será, contudo, revista vis-à-vis os desenvolvimentos que forem sendo observados no mundo.

TABELA DE EQUIVALÊNCIA

Esta tabela mostra como o conteúdo da Estrutura Conceitual anterior e o da atual se correspondem.

Estrutura Conceitual Anterior	Estrutura Conceitual Atual
Prefácio e Introdução Itens 1 a 5	Introdução
6 a 21	Substituídos pelo Capítulo 1

Capítulo 7 – Íntegra da Resolução CFC n° 1.374/11 **151**

Estrutura Conceitual Anterior	Estrutura Conceitual Atual
22	Eliminado
23	4.1
24 a 46	Substituído pelo Capítulo 3
47 a 110	Capítulo 4
47 e 48	4.2 e 4.3
49 a 52	4.4 a 4.7
53 a 59	4.8 a 4.14
60 a 64	4.15 a 4.19
65 a 68	4.20 a 4.23
69 a 73	4.24 a 4.28
74 a 77	4.29 a 4.32
78 a 80	4.33 a 4.35
81	4.36
82 a 84	4.37 a 4.39
85	4.40
86 a 88	4.41 a 4.43
89 e 90	4.44 e 4.45
91	4.46
92 e 93	4.47 e 4.48
94 a 98	4.49 a 4.53
99 a 101	4.54 a 4.56
102 e 103	4.57 e 4.58
104 a 110	4.59 a 4.65

capítulo . 8

Íntegra da Resolução
CFC nº 750/93
(alterada pela resolução cfc nº 1.282/10)

RESOLUÇÃO CFC nº 750/93

Dispõe sobre os Princípios de Contabilidade (PC). (Redação dada pela Resolução CFC nº 1.282/10)

O CONSELHO FEDERAL DE CONTABILIDADE, no exercício de suas atribuições legais e regimentais,

CONSIDERANDO a necessidade de prover fundamentação apropriada para interpretação e aplicação das Normas Brasileiras de Contabilidade, *(redação dada pela Resolução CFC nº 1.282/10)*

RESOLVE:

CAPÍTULO I

Dos Princípios e de sua Observância

Art. 1º Constituem PRINCÍPIOS DE CONTABILIDADE (PC) os enunciados por esta Resolução.

§ 1º A observância dos Princípios de Contabilidade é obrigatória no exercício da profissão e constitui condição de legitimidade das Normas Brasileiras de Contabilidade (NBC).

§ 2º Na aplicação dos Princípios de Contabilidade há situações concretas e a essência das transações deve prevalecer sobre seus aspectos formais. *(Redação dada pela Resolução CFC nº 1.282/10)*

154 TEORIA DA CONTABILIDADE

CAPÍTULO II

Da Conceituação, da Amplitude e da Enumeração

Art. 2º Os Princípios de Contabilidade representam a essência das doutrinas e teorias relativas à Ciência da Contabilidade, consoante o entendimento predominante nos universos científico e profissional de nosso País. Concernem, pois, à Contabilidade no seu sentido mais amplo de ciência social, cujo objeto é o patrimônio das entidades. (*Redação dada pela Resolução CFC nº 1.282/10*)

Art. 3º São Princípios de Contabilidade: (*Redação dada pela Resolução CFC nº 1.282/10*)

I) o da ENTIDADE;

II) o da CONTINUIDADE;

III) o da OPORTUNIDADE;

IV) o do REGISTRO PELO VALOR ORIGINAL;

V) o da ATUALIZAÇÃO MONETÁRIA;[*] (*Revogado pela Resolução CFC nº 1.282/10*)

VI) o da COMPETÊNCIA; e

VII) o da PRUDÊNCIA.

SEÇÃO I
O Princípio da Entidade

Art. 4º O Princípio da ENTIDADE reconhece o Patrimônio como objeto da Contabilidade e afirma a autonomia patrimonial, a necessidade da diferenciação de um Patrimônio particular no universo dos patrimônios existentes, independentemente de pertencer a uma pessoa, um conjunto de pessoas, uma sociedade ou instituição de qualquer natureza ou finalidade, com ou sem fins lucrativos. Por consequência,

---

[*] Transcrição fiel do artigo 3º da referida resolução na data do fechamento desta edição (7.6.2012). (*Nota do autor*)

nesta acepção, o Patrimônio não se confunde com aqueles dos seus sócios ou proprietários, no caso de sociedade ou instituição.

Parágrafo único. O PATRIMÔNIO pertence à ENTIDADE, mas a recíproca não é verdadeira. A soma ou agregação contábil de patrimônios autônomos não resulta em nova ENTIDADE, mas numa unidade de natureza econômico-contábil.

SEÇÃO II
O Princípio da Continuidade

Art. 5º O Princípio da Continuidade pressupõe que a Entidade continuará em operação no futuro e, portanto, a mensuração e a apresentação dos componentes do patrimônio levam em conta esta circunstância. (*Redação dada pela Resolução CFC nº 1.282/10*)

SEÇÃO III
O Princípio da Oportunidade

Art. 6º O Princípio da Oportunidade refere-se ao processo de mensuração e apresentação dos componentes patrimoniais para produzir informações íntegras e tempestivas.

Parágrafo único. A falta de integridade e tempestividade na produção e na divulgação da informação contábil pode ocasionar a perda de sua relevância, por isso é necessário ponderar a relação entre a oportunidade e a confiabilidade da informação. (*Redação dada pela Resolução CFC nº 1.282/10*)

SEÇÃO IV
O Princípio do Registro pelo Valor Original

Art. 7º O Princípio do Registro pelo Valor Original determina que os componentes do patrimônio devem ser inicialmente registrados pelos valores originais das transações, expressos em moeda nacional.

§ 1º As seguintes bases de mensuração devem ser utilizadas em graus distintos e combinadas, ao longo do tempo, de diferentes formas:

I – Custo histórico. Os ativos são registrados pelos valores pagos ou a serem pagos em caixa ou equivalentes de caixa ou pelo valor justo dos recursos que são entregues para adquiri-los na data da aquisição. Os passivos são registrados pelos valores dos recursos que foram recebidos em troca da obrigação ou, em algumas circunstâncias, pelos valores em caixa ou equivalentes de caixa, os quais serão necessários para liquidar o passivo no curso normal das operações; e

II – Variação do custo histórico. Uma vez integrado ao patrimônio, os componentes patrimoniais, ativos e passivos, podem sofrer variações decorrentes dos seguintes fatores:

a) Custo corrente. Os ativos são reconhecidos pelos valores em caixa ou equivalentes de caixa, os quais teriam de ser pagos se esses ativos ou ativos equivalentes fossem adquiridos na data ou no período das demonstrações contábeis. Os passivos são reconhecidos pelos valores em caixa ou equivalentes de caixa, não descontados, que seriam necessários para liquidar a obrigação na data ou no período das demonstrações contábeis;

b) Valor realizável. Os ativos são mantidos pelos valores em caixa ou equivalentes de caixa, os quais poderiam ser obtidos pela venda em uma forma ordenada. Os passivos são mantidos pelos valores em caixa e equivalentes de caixa, não descontados, que se espera seriam pagos para liquidar as correspondentes obrigações no curso normal das operações da Entidade;

c) Valor presente. Os ativos são mantidos pelo valor presente, descontado do fluxo futuro de entrada líquida de caixa que se espera seja gerado pelo item no curso normal das operações da Entidade. Os passivos são mantidos pelo valor presente, descontado do fluxo futuro de saída líquida de caixa que se espera seja necessário para liquidar o passivo no curso normal das operações da Entidade;

Capítulo 8 – Íntegra da Resolução CFC n° 750/93) **157**

d) Valor justo. É o valor pelo qual um ativo pode ser trocado, ou um passivo liquidado, entre partes conhecedoras, dispostas a isso, em uma transação sem favorecimentos; e

e) Atualização monetária. Os efeitos da alteração do poder aquisitivo da moeda nacional devem ser reconhecidos nos registros contábeis mediante o ajustamento da expressão formal dos valores dos componentes patrimoniais.

§ 2° São resultantes da adoção da atualização monetária:

I – a moeda, embora aceita universalmente como medida de valor, não representa unidade constante em termos do poder aquisitivo;

II – para que a avaliação do patrimônio possa manter os valores das transações originais, é necessário atualizar sua expressão formal em moeda nacional, a fim de que permaneçam substantivamente corretos os valores dos componentes patrimoniais e, por consequência, o do Patrimônio Líquido; e

III – a atualização monetária não representa nova avaliação, mas tão somente o ajustamento dos valores originais para determinada data, mediante a aplicação de indexadores ou outros elementos aptos a traduzir a variação do poder aquisitivo da moeda nacional em um dado período. (*Redação dada pela Resolução CFC n° 1.282/10*)

SEÇÃO V
Atualização Monetária

(*Revogada pela Resolução CFC n° 1.282/10.*)

SEÇÃO VI
O Princípio da Competência

Art. 9° O Princípio da Competência determina que os efeitos das transações e outros eventos sejam reconhecidos nos períodos a

158 TEORIA DA CONTABILIDADE

que se referem, independentemente do recebimento ou pagamento.

Parágrafo único. O Princípio da Competência pressupõe a simultaneidade da confrontação de receitas e de despesas correlatas. (*Redação dada pela Resolução CFC n° 1.282/10*)

SEÇÃO VII
O Princípio da Prudência

Art. 10. O Princípio da PRUDÊNCIA determina a adoção do menor valor para os componentes do ATIVO e do maior para os do PASSIVO, sempre que se apresentem alternativas igualmente válidas para a quantificação das mutações patrimoniais que alterem o patrimônio líquido.

Parágrafo único. O Princípio da Prudência pressupõe o emprego de certo grau de precaução no exercício dos julgamentos necessários às estimativas em certas condições de incerteza, no sentido de que ativos e receitas não sejam superestimados e que passivos e despesas não sejam subestimados, atribuindo maior confiabilidade ao processo de mensuração e apresentação dos componentes patrimoniais. (*Redação dada pela Resolução CFC n° 1.282/10*)

Art. 11. A inobservância dos Princípios de Contabilidade constitui infração nas alíneas "c", "d" e "e" do art. 27 do Decreto-Lei n° 9.295, de 27 de maio de 1946 e, quando aplicável, ao Código de Ética Profissional do Contabilista. (*Redação dada pela Resolução CFC n° 1.282/10*)

Art. 12. Revogada a Resolução CFC n° 530/81, esta Resolução entra em vigor a partir de 1º de janeiro de 1994.

Brasília, 29 de dezembro de 1993.

Contador IVAN CARLOS GATTI

Presidente

capítulo . 9

Exercícios

Este capítulo apresenta as questões dos Exames de Suficiência realizados em março de 2011 (1ª edição), setembro de 2011 (2ª edição) e março de 2012 (3ª edição). Todas as respostas corretas das questões estão devidamente identificadas, e aquelas relativas à área de Teoria da Contabilidade foram acrescidas dos devidos comentários.

9.1. QUESTÕES DA 1ª EDIÇÃO – MARÇO DE 2011

01. Uma sociedade empresária adquiriu mercadorias para revenda por R$ 5.000,00, neste valor incluído ICMS de R$ 1.000,00. No mesmo período, revendeu toda a mercadoria adquirida por R$ 9.000,00, neste valor incluído ICMS de R$ 1.800,00. A sociedade empresária registrou, no período, despesas com representação comercial no montante de R$ 1.200,00 e depreciação de veículos de R$ 200,00.

Na Demonstração do Valor Adicionado – DVA, elaborada a partir dos dados fornecidos, o valor adicionado a distribuir é igual a:

a) R$ 1.800,00.

b) R$ 2.600,00.

c) R$ 3.200,00.

d) R$ 4.000,00.

Resposta: "B"

160 TEORIA DA CONTABILIDADE

02. Uma companhia efetuou, em dezembro de 2010, a venda de mercadorias para recebimento com prazo de 13 meses, considerando uma taxa de juros de 10% no período. O valor da nota fiscal foi de R$ 110.000,00.

O registro contábil CORRETO no ato da transação é:

a)
Débito	Contas a Receber (Ativo Não Circulante)	R$ 110.000,00
Crédito	Receita Bruta de Vendas	R$ 110.000,00

b)
Débito	Contas a Receber (Ativo Não Circulante)	R$ 110.000,00
Crédito	Receita Bruta de Vendas	R$ 100.000,00
Crédito	Receita Financeira	R$ 10.000,00

c)
Débito	Contas a Receber (Ativo Não Circulante)	R$ 100.000,00
Crédito	Receita Financeira	R$ 100.000,00

d)
Débito	Contas a Receber (Ativo Não Circulante)	R$ 110.000,00
Crédito	Receita Bruta de Vendas	R$ 100.000,00
Crédito	Receita Financeira a Apropriar (Ativo Não Circulante)	R$ 10.000,00

Resposta: "D"

03. Uma sociedade empresária realizou as seguintes aquisições de produtos no primeiro bimestre de 2011:

3/1/2011	40 unidades a R$ 30,00
24/1/2011	50 unidades a R$ 24,00
1/2/2011	50 unidades a R$ 20,00
15/2/2011	60 unidades a R$ 20,00

Sabe-se que:

– A empresa não apresentava estoque inicial.

– No dia 10/2/2011, foram vendidas 120 unidades de produtos ao preço de R$ 40,00 cada uma.

– Não será considerada a incidência de ICMS nas operações de compra e de venda.

Capítulo 9 – Exercícios **161**

– O critério de avaliação adotado para as mercadorias vendidas é o PEPS.

O lucro bruto com mercadorias, a quantidade final de unidades em estoque e o valor unitário de custo em estoques de produtos, no dia 28/2/2011, são de:

a) R$ 1.800,00 e 80 unidades a R$ 20,00 cada.

b) R$ 1.885,71 e 80 unidades a R$ 24,29 cada.

c) R$ 1.980,00 e 80 unidades a R$ 23,50 cada.

d) R$ 2.040,00 e 80 unidades a R$ 23,00 cada.

Resposta: "A"

04. **Uma determinada sociedade empresária, em 31/12/2010, apresentou os seguintes saldos:**

Caixas	R$ 6.500,00
Banco Conta Movimento	R$ 14.000,00
Capital Social	R$ 20.000,00
Custo das Mercadorias Vendidas	R$ 56.000,00
Depreciação Acumulada	R$ 1.500,00
Despesas Gerais	R$ 23.600,00
Fornecedores	R$ 9.300,00
Duplicatas a Receber em 60 dias	R$ 20.900,00
Equipamentos	R$ 10.000,00
Reserva de Lucros	R$ 3.000,00
Estoque de Mercadorias	R$ 4.000,00
Receitas de Vendas	R$ 97.700,00
Salários a Pagar	R$ 3.500,00

Após a apuração do resultado do período e antes da sua destinação, o total do patrimônio líquido e o total do ativo circulante são, respectivamente:

a) R$ 37.100,00 e R$ 41.400,00.

b) R$ 37.100,00 e R$ 46.100,00.

162 TEORIA DA CONTABILIDADE

c) R$ 41.100,00 e R$ 45.400,00.

d) R$ 41.100,00 e R$ 50.400,00.

Resposta: "C"

05. A movimentação ocorrida nas contas de reservas de lucros em um determinado período é evidenciada na seguinte demonstração contábil:

a) Balanço patrimonial

b) Demonstração das mutações do patrimônio líquido

c) Demonstração dos fluxos de caixa

d) Demonstração dos lucros ou prejuízos acumulados

Resposta: "B"

06. Uma determinada sociedade empresária apresentou os seguintes dados extraídos da folha de pagamento:

Empregados	Salário mensal
Empregado A	R$ 1.500,00
Empregado B	R$ 1.200,00

Foi solicitado que a empresa elaborasse as demonstrações contábeis para janeiro de 2011.

Considerando os dados da folha de pagamento e a premissa de que o percentual total dos encargos sociais é de 20%, em janeiro de 2011, a empresa deverá registrar um gasto total com o 13º salário e encargos sociais no montante de:

a) R$ 112,50.

b) R$ 225,00.

c) R$ 270,00.

d) R$ 540,00.

Resposta: "C"

Capítulo 9 – Exercícios **163**

07. Uma determinada sociedade empresária vendeu mercadorias para sua controladora por R$ 300.000,00, auferindo um lucro de R$ 50.000,00. No final do exercício, remanescia no estoque da controladora 50% das mercadorias adquiridas da controlada. O valor do ajuste referente ao lucro não realizado, para fins de cálculo da equivalência patrimonial, é de:

a) R$ 25.000,00.
b) R$ 50.000,00.
c) R$ 150.000,00.
d) R$ 300.000,00.

Resposta: "A"

08. Uma empresa adquiriu um ativo em 1º de janeiro de 2009, o qual foi registrado contabilmente por R$ 15.000,00. A vida útil do ativo foi estimada em cinco anos. Espera-se que o ativo, ao final dos cinco anos, possa ser vendido por R$ 3.000,00. Utilizando-se o método linear para cálculo da depreciação, e supondo-se que não houve modificação na vida útil estimada nem no valor residual, ao final do ano de 2010, o valor contábil do ativo líquido será de:

a) R$ 7.200,00.
b) R$ 9.000,00.
c) R$ 10.200,00.
d) R$ 12.000,00.

Resposta: "C"

09. Uma entidade apresenta, em 31/12/2010, os seguintes saldos de contas:

CONTAS	SALDO (R$)
Ações de Outras Empresas – Para Negociação Imediata	R$ 400,00
Ações em Tesouraria	R$ 300,00

164 TEORIA DA CONTABILIDADE

CONTAS	SALDO (R$)
Ajustes de Avaliação Patrimonial (Saldo Devedor)	R$ 900,00
Aplicações em Fundos de Investimento com Liquidez Diária	R$ 2.600,00
Banco Conta Movimento	R$ 6.000,00
Caixa	R$ 700,00
Capital Social	R$ 40.000,00
Clientes – Vencimento em março/2011	R$ 12.000,00
Clientes – Vencimento em março/2012	R$ 6.600,00
Clientes – Vencimento em março/2013	R$ 4.000,00
Depreciação Acumulada	R$ 8.800,00
Despesas Pagas Antecipadamente (prêmio de seguro com vigência até dezembro/2011)	R$ 300,00
Estoque de Matéria-Prima	R$ 5.000,00
Financiamento Bancário (a ser pago em 12 parcelas mensais de igual valor, vencendo a primeira em janeiro de 2011)	R$ 30.000,00
Fornecedores	R$ 19.000,00
ICMS a Recuperar	R$ 600,00
Imóveis de Uso	R$ 26.000,00
Impostos a Pagar (Vencimento em janeiro/2011)	R$ 6.400,00
Máquinas	R$ 18.000,00
Obras de Arte	R$ 4.000,00
Participação Societária em Empresas Controladas	R$ 14.000,00
Participações Permanentes no Capital de Outras Empresas	R$ 1.000,00
Reserva Legal	R$ 4.000,00
Reservas de Capital	R$ 2.200,00
Veículos	R$ 8.000,00

No balanço patrimonial, o saldo do ativo circulante é igual a:

a) R$ 24.300,00.
b) R$ 25.000,00.
c) R$ 27.200,00.
d) R$ 27.600,00.

Resposta: "D"

Capítulo 9 – Exercícios **165**

10. Uma sociedade empresária apresentou, no exercício de 2010, uma variação positiva no saldo de caixa e equivalentes de caixa no valor de R$ 18.000,00. Sabendo-se que o caixa gerado pelas atividades operacionais foi de R$ 28.000,00 e o caixa consumido pelas atividades de investimento foi de R$ 25.000,00, as atividades de financiamento:

    a) geraram um caixa de R$ 21.0000,00.
    b) consumiram um caixa de R$ 15.000,00.
    c) consumiram um caixa de R$ 21.000,00.
    d) geraram um caixa de R$ 15.000,00.

Resposta: "D"

11. Uma empresa pagou, em janeiro de 2010, o aluguel do galpão destinado à área de produção, relativo ao mês de dezembro de 2009. O lançamento correspondente ao pagamento do aluguel irá provocar:

    a) um aumento nas despesas e uma redução de igual valor no ativo.
    b) um aumento nos custos e uma redução de igual valor no ativo.
    c) uma redução no ativo e uma redução de igual valor no passivo.
    d) uma redução no ativo e uma redução de igual valor no patrimônio líquido.

Resposta: "C"

12. De acordo com os dados abaixo e sabendo-se que o estoque final de mercadorias totaliza R$ 350.000,00, em 31/12/2010, o resultado líquido é de:

Contas	Valor
Caixa	R$ 80.000,00
Capital Social	R$ 50.000,00
Compras de Mercadorias	R$ 800.000,00
Depreciação Acumulada	R$ 65.000,00
Despesas com Juros	R$ 110.000,00

166 TEORIA DA CONTABILIDADE

Contas	Valor
Despesas Gerais	R$ 150.000,00
Duplicatas a Pagar	R$ 355.000,00
Duplicatas a Receber	R$ 140.000,00
Estoque Inicial de Mercadorias	R$ 200.000,00
Móveis e Utensílios	R$ 70.000,00
Receita com Juros	R$ 80.000,00
Receitas com Vendas	R$ 1.000.000,00

a) R$ 170.000,00.
b) R$ 240.000,00.
c) R$ 350.000,00.
d) R$ 390.000,00.

Resposta: "A"

13. Uma indústria apresenta os seguintes dados:

Aluguel do Setor Administrativo	R$ 80.000,00
Aluguel do Setor de Produção	R$ 56.000,00
Depreciação da Área de Produção	R$ 38.000,00
Mão de Obra Direta de Produção	R$ 100.000,00
Material requisitado: Diretos	R$ 26.000,00
Material requisitado: Indiretos	R$ 82.000,00
Salários da Diretoria de Vendas	R$ 70.000,00
Seguro da Área de Produção	R$ 34.000,00
Estoque Inicial de Mercadorias	R$ 38.000,00

Analisando-se os dados acima, assinale a opção CORRETA.

a) O custo de transformação da indústria totalizou R$ 302.000,00, pois o custo de transformação é a soma da mão de obra direta e custos indiretos de fabricação.

b) O custo do período da indústria totalizou R$ 444.000,00, pois o custo da empresa é a soma de todos os itens de sua atividade.

c) O custo do período da indústria totalizou R$ 524.000,00, pois o custo da empresa é a soma de todos os itens apresentados.

d) O custo primário da indústria totalizou R$ 208.000,00, pois o custo primário leva em consideração a soma da mão de obra e do material direto.

Resposta: "A"

14. No mês de setembro de 2010, foi iniciada a produção de 1.500 unidades de um determinado produto. Ao final do mês, 1.200 unidades estavam totalmente concluídas e restaram 300 unidades em processo. O percentual de conclusão das unidades em processo é de 65%. O custo total de produção do período foi de R$ 558.000,00. O custo de produção dos produtos acabados e o custo de produção dos produtos em processo são, respectivamente:

a) R$ 446.400,00 e R$ 111.600,00.
b) R$ 480.000,00 e R$ 78.000,00.
c) R$ 558.000,00 e R$ 0,00.
d) R$ 558.000,00 e R$ 64.194,00.

Resposta: "B"

15. Uma matéria-prima foi adquirida por R$ 3.000,00, incluídos nesse valor R$ 150,00 referentes a IPI e R$ 342,00 relativos a ICMS. O frete de R$ 306,00 foi pago pelo vendedor, que enviou o material via aérea, mas a empresa compradora teve que arcar com o transporte entre o aeroporto e a fábrica, que custou R$ 204,00. Considerando-se que os impostos são recuperáveis, o valor registrado em estoques será:

a) R$ 2.508,00.
b) R$ 2.712,00.
c) R$ 3.018,00.
d) R$ 3.204,00.

Resposta: "B"

168 TEORIA DA CONTABILIDADE

16. O comprador de uma indústria tem a opção de compra de 5.000kg de matéria-prima por R$ 2,00 o quilo, à vista, ou R$ 2,20 o quilo, para pagamento em dois meses. Em ambos os casos, incidirá IPI à alíquota de 10% e ICMS à alíquota de 12%, recuperáveis em 1 (um) mês. Considerando uma taxa de juros de 10% ao mês, a melhor opção de compra para a empresa é:

a) à vista, pois resulta em valor presente de R$ 9.000,00, enquanto a compra a prazo resulta em valor presente de R$ 9.900,00.

b) à vista, pois resulta em valor presente de R$ 8.800,00, enquanto a compra a prazo resulta em valor presente de R$ 9.680,00.

c) a prazo, pois resulta em valor presente de R$ 8.000,00, enquanto a compra à vista resulta em valor presente de R$ 9.000,00.

d) a prazo, pois resulta em valor presente de R$ 7.800,00, enquanto a compra à vista resulta em valor presente de R$ 9.000,00.

Resposta: "D"

17. Uma determinada empresa apresentou os seguintes dados referentes ao ano de 2010:

– Estoque inicial igual a zero.

– Produção anual de 500 unidades com venda de 400 unidades.

– Custo variável unitário de R$ 15,00.

– Preço de venda unitário de R$ 20,00.

– Custo fixo anual de R$ 2.000,00.

– Despesas fixas anuais de R$ 350,00.

– Despesa variável unitária de R$ 1,50 para cada unidade vendida.

Sabendo-se que a empresa utiliza o custeio por absorção, seu lucro bruto e o resultado líquido em 2010 são, respectivamente:

a) Lucro bruto de R$ 2.000,00 e lucro líquido de R$ 1.050,00.

b) Lucro bruto de R$ 2.000,00 e prejuízo de R$ 950,00.

c) Lucro bruto de R$ 400,00 e lucro líquido de R$ 50,00.

Capítulo 9 – Exercícios **169**

d) Lucro bruto de R$ 400,00 e prejuízo de R$ 550,00.

Resposta: "D"

18. Uma determinada empresa, no mês de agosto de 2010, apresentou custos com materiais diretos no valor de R$ 30,00 por unidade e custos com mão de obra direta no valor de R$ 28,00 por unidade. Os custos fixos totais do período foram de R$160.000,00. Sabendo-se que a empresa produziu no mês 10.000 unidades totalmente acabadas, o custo unitário de produção pelo método do custeio por absorção e custeio variável é, respectivamente:

a) R$ 46,00 e R$ 44,00.

b) R$ 58,00 e R$ 46,00.

c) R$ 74,00 e R$ 58,00.

d) R$ 74,00 e R$ 74,00.

Resposta: "C"

19. Uma empresa industrial aplicou no processo produtivo, no mês de agosto de 2010, R$ 50.000,00 de matéria-prima, R$ 40.000,00 de mão de obra direta e R$ 30.000,00 de gastos gerais de fabricação. O saldo dos estoques de produtos em elaboração, em 31/7/2010, era no valor de R$ 15.000,00 e, em 31/8/2010, de R$ 20.000,00.

O custo dos produtos vendidos, no mês de agosto, foi de R$ 80.000,00 e não havia estoque de produtos acabados em 31/7/2010. Com base nas informações, assinale a opção que apresenta o saldo final, em 31/8/2010, dos estoques de produtos acabados.

a) R$ 35.000,00.

b) R$ 55.000,00.

c) R$ 120.000,00.

d) R$ 135.000,00.

Resposta: "A"

170 TEORIA DA CONTABILIDADE

20. Uma instituição social recebe recursos públicos, portanto, está dentro do campo de aplicação da contabilidade aplicada ao setor público, devendo seguir o princípio da competência. A referida instituição tem ainda como fonte de receita a contribuição mensal de seus associados, que se reuniram e resolveram pagar de uma só vez o valor de R$ 30.000,00, correspondente a três exercícios, com o objetivo de formar um fundo financeiro. Nos três exercícios, essa organização tem custos de impressão de folhetos informativos da ordem de R$ 5.000,00 em cada ano e, no segundo ano, resolveu fazer um seguro cujo prêmio foi pago em dinheiro no valor de R$ 3.000,00 com cobertura para o segundo e o terceiro anos. Com base nos valores informados e nos conceitos relativos ao princípio de competência, é CORRETO afirmar que a instituição irá apurar:

a) déficit de R$ 8.000,00 em todos os exercícios.

b) déficit de R$ 8.000,00 no segundo e de R$ 5.000,00 no terceiro ano; superávit de R$ 25.000,00 no primeiro ano.

c) superávit de R$ 5.000,00 no primeiro ano e de R$ 3.500,00 no segundo e no terceiro anos.

d) superávit de R$ 8.000,00 em todos os exercícios.

Resposta: "C"

21. Indique o registro contábil CORRETO, considerando as informações disponíveis, para registrar a previsão inicial da receita orçamentária:

a) Débito: Previsão Inicial da Receita Orçamentária
   Crédito: Receita Orçamentária a Realizar

b) Débito: Receita a Realizar
   Crédito: Receita Fixada

c) Débito: Variação Patrimonial Diminutiva
   Crédito: Variação Patrimonial Aumentativa

Capítulo 9 – Exercícios **171**

d) Débito: Receita a Realizar
   Crédito: Variação Patrimonial Aumentativa
Resposta: "A"

22. Em 31 de dezembro de 2010, uma determinada companhia publicou a seguinte demonstração contábil:

Balanço Patrimonial (em R$)					
	2009	2010		2009	2010
ATIVO	88.400,00	107.000,00	**PASSIVO e PL**	88.400,00	107.000,00
Ativo Circulante	57.400,00	61.800,00	Passivo Circulante	36.600,00	43.400,00
Disponível	1.400,00	6.600,00	Fornecedores	22.000,00	28.000,00
Clientes	24.000,00	27.200,00	Contas a Pagar	5.600,00	9.400,00
Estoques	32.000,00	28.000,00	Empréstimos	9.000,00	6.000,00
Ativo Não Circulante	31.000,00	45.200,00	Passivo Não Circulante	21.800,00	30.000,00
Realizável a Longo Prazo	12.000,00	18.000,00	Empréstimos	21.800,00	30.000,00
Imobilizado	10.000,00	27.200,00	**Patrimônio Líquido**	30.000,00	33.600,00
			Capital	30.000,00	33.600,00

Com relação ao balanço patrimonial acima, assinale a opção CORRETA:

a) O capital circulante líquido foi ampliado em R$ 2.400,00 e o quociente de liquidez corrente foi reduzido em 0,15.

b) O capital circulante líquido foi ampliado em R$ 4.600,00 e o quociente de liquidez corrente foi reduzido em 0,10.

c) O capital circulante líquido foi reduzido em R$ 2.400,00 e o quociente de liquidez corrente foi reduzido em 0,15.

d) O capital circulante líquido foi reduzido em R$ 4.600,00 e o quociente de liquidez corrente foi reduzido em 0,10.

Resposta: "C"

23. Uma empresa de treinamento está planejando um curso de especialização. Os custos previstos são: custos variáveis de R$ 1.200,00 por aluno e custos fixos de R$ 72.000,00, dos quais R$ 4.800,00 referem-se à depreciação de equipamentos a serem

172 TEORIA DA CONTABILIDADE

utilizados. O curso será vendido a R$ 6.000,00 por aluno. O ponto de equilíbrio contábil se dá com:

   a) 10 alunos.
   b) 12 alunos.
   c) 14 alunos.
   d) 15 alunos.

Resposta: "D"

24. Uma fábrica de camisetas produz e vende, mensalmente, 3.500 camisetas ao preço de R$ 5,00 cada. As despesas variáveis representam 20% do preço de venda e os custos variáveis são de R$ 1,20 por unidade. A fábrica tem capacidade para produzir 5.000 camisetas por mês, sem alterações no custo fixo atual de R$ 6.000,00. Uma pesquisa de mercado revelou que ao preço de R$ 4,00 a unidade, haveria demanda no mercado para 6.000 unidades por mês.

Caso a empresa adote a redução de preço para aproveitar o aumento de demanda, mantendo a estrutura atual de custos fixos e capacidade produtiva, o resultado final da empresa:

   a) aumentará em R$ 2.200,00.
   b) aumentará em R$ 200,00.
   c) reduzirá em R$ 3.500,00.
   d) reduzirá em R$ 800,00.

Resposta: "B"

25. Um analista de custos resolveu aplicar as técnicas de análise do ponto de equilíbrio contábil para verificar o desempenho de uma determinada empresa. Sabia que a empresa vinha vendendo, nos últimos meses, 30.000 pacotes de produtos/mês, à base de R$ 35,00 por pacote. Seus custos e despesas fixas têm sido de R$ 472.500,00 ao mês e os custos e despesas variáveis, de R$ 15,00 por pacote.

Capítulo 9 – Exercícios **173**

A margem de segurança é de:

a) R$ 223.125,00.
b) R$ 270.000,00.
c) R$ 826.875,00.
d) R$ 1.050.000,00.

Resposta: "A"

26. Uma empresa incorreu nas seguintes operações em determinado mês:

- O departamento de compras comprou matéria-prima no valor de R$ 25,00 e incorreu em gastos próprios no valor de R$ 5,00.
- O departamento de produção recebeu a matéria-prima do departamento de compras e incorreu em gastos próprios no valor de R$ 50,00 para produzir o produto.
- O departamento de vendas recebeu o produto produzido pelo departamento de produção e incorreu em gastos próprios no valor de R$ 20,00.
- O preço de venda para o consumidor final foi de R$ 120,00.

Considerando que a transferência entre os departamentos ocorreu pelo custo total realizado, é INCORRETO afirmar que:

a) o custo total do departamento de produção é de R$ 80,00.
b) o custo total do departamento de vendas é de R$ 100,00, dos quais R$ 80,00 transferidos de outros departamentos.
c) o departamento de compras apurou um prejuízo de R$ 30,00.
d) os departamentos de compras e de produção somaram no período receitas com vendas internas no montante de R$ 110,00.

Resposta: "Anulada"

27. A Lei nº X, publicada no dia 30 de agosto de 2010, majorou a alíquota do Imposto sobre Produtos Industrializados – IPI, sendo omissa quanto à sua entrada em vigor.

174 TEORIA DA CONTABILIDADE

Com relação à situação hipotética apresentada e à vigência das leis tributárias, assinale a opção CORRETA.

a) A referida majoração somente poderá ser cobrada nos casos em que os fatos geradores tenham ocorrido a partir de 1°/1/2011, devido aos princípios da legalidade, da anualidade e da tipicidade cerrada.

b) De acordo com o princípio da anterioridade nonagesimal, a referida majoração somente poderá ser cobrada em face dos fatos geradores ocorridos após noventa dias da sua publicação.

c) Os valores provenientes dessa majoração podem ser cobrados em face dos fatos geradores ocorridos a partir de sua publicação, já que o IPI não se submete ao princípio da anterioridade.

d) Poderá ser cobrada a referida majoração em face dos fatos geradores ocorridos após quarenta e cinco dias da publicação na Lei nº X, devido à regra contida na Lei de Introdução ao Código Civil, já que aquela lei foi omissa quanto a sua entrada em vigor.

Resposta: "B"

28. De acordo com a legislação trabalhista, julgue os itens abaixo como Verdadeiros (V) ou Falsos (F) e, em seguida, assinale a opção CORRETA.

I – Sempre que uma ou mais empresas, tendo, embora, cada uma delas, personalidade jurídica própria, estiver sob a direção, controle ou administração de outra, constituindo grupo industrial, comercial ou de qualquer outra atividade econômica, serão, para os efeitos da relação de emprego, solidariamente responsáveis a empresa principal e cada uma das subordinadas.

II – Não se distingue entre o trabalho realizado no estabelecimento do empregador e o executado no domicílio do empregado, desde que esteja caracterizada a relação de emprego.

III – Considera-se como "de serviço efetivo" o período em que o empregado esteja à disposição do empregador, aguardando ou executando ordens, salvo disposição especial expressamente consignada.

A sequência CORRETA é:
a) F, F, F.
b) F, F, V.
c) V, F, F.
d) V, V, V.

Resposta: "D"

29. No que diz respeito ao parcelamento disposto no Código Tributário Nacional, assinale a opção CORRETA.

a) O parcelamento afasta o cumprimento da obrigação acessória.
b) O parcelamento constitui uma das modalidades de extinção dos créditos tributários prescritas pelo Código Tributário Nacional.
c) O parcelamento é uma modalidade de suspensão da exigibilidade do crédito tributário.
d) O parcelamento extingue o crédito tributário de forma fracionada e continuada, quando a legislação tributária não dispuser a respeito.

Resposta: "C"

30. Um investidor fez uma aplicação financeira a juros compostos com capitalização mensal a uma taxa de juros nominal de 8,7% ao semestre. Ao fim de dois anos e meio, o aumento percentual de seu capital inicial foi de:

a) 43,50%.
b) 49,34%.
c) 51,76%.
d) 54,01%.

Resposta: "D"

31. Um gestor de empresa tem três cotações de preços de fornecedores diferentes, da mesma quantidade de uma determinada matéria-prima, nas seguintes condições de pagamento:

Fornecedor A R$ 3.180,00 para pagamento à vista
Fornecedor B R$ 3.200,00 para pagamento em 1 mês
Fornecedor C R$ 3.300,00 para pagamento em 2 meses

Considerando as condições de pagamento e um custo de oportunidade de 1% (um) ao mês, é mais vantajoso adquirir a matéria-prima:

a) do fornecedor a.
b) do fornecedor b.
c) dos fornecedores a ou c.
d) dos fornecedores b ou c.

Resposta: "B"

32. A quantidade diária de unidades vendidas do produto X em uma determinada indústria segue uma distribuição normal, com média de 1.000 unidades e desvio padrão de 200 unidades. O gráfico abaixo representa a distribuição normal padrão com média igual a 0 (zero) e desvio-padrão igual a 1 (um), cujas percentagens representam as probabilidades entre os valores de desvio-padrão.

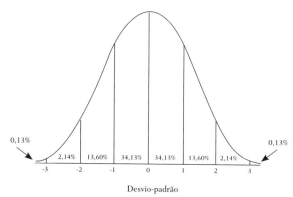

Desvio-padrão

Com base nas informações fornecidas, é CORRETO afirmar que:

a) a probabilidade de a quantidade vendida ficar abaixo de 800 unidades é de 34,13%.

b) a probabilidade de a quantidade vendida ficar acima de 1.200 unidades é de 13,6%.

c) a probabilidade de a quantidade vendida ficar entre 800 e 1.200 unidades é de 68,26%.

d) a probabilidade de a quantidade vendida ficar entre 800 e 1.200 unidades é de 31,74%.

Resposta: "C"

33. Os preços em reais (R$) para uma amostra de equipamentos de som estão indicados na tabela abaixo.

Equipamento	1	2	3	4	5	6	7
Preço (R$)	500,00	834,00	470,00	480,00	420,00	440,00	440,00

Com base na amostra, o valor CORRETO da mediana é igual a:

a) R$ 440,00.

b) R$ 470,00.

c) R$ 512,00.

d) R$ 627,00.

Resposta: "B"

34. Classifique os métodos de avaliação do ativo a seguir enumerados, como valor de entrada ou saída:

– Custo histórico

– Valor de liquidação

– Valor realizável líquido

– Custo corrente de reposição

A sequência CORRETA é:

a) entrada, saída, entrada, entrada.

b) entrada, saída, saída, entrada.

c) saída, entrada, saída, entrada.

178 TEORIA DA CONTABILIDADE

d) saída, saída, saída, entrada.

Resposta: "B"

Comentários do autor:

A Resolução CFC nº 1.121/08 (vigente na época da realização da primeira edição do Exame de Suficiência), em seu item 100, indica que diversas bases de mensuração são empregadas em diferentes graus e em variadas combinações nas demonstrações contábeis. Em termos de ativos, temos:

No custo histórico, os ativos são registrados pelos valores pagos ou a serem pagos em caixa ou equivalentes de caixa ou pelo valor justo dos recursos que são entregues para adquiri-los na data da aquisição, podendo ou não ser atualizados pela variação na capacidade geral de compra da moeda. Portanto, é um valor de ENTRADA.

No valor realizável, ou valor de realização, ou valor de liquidação, os ativos são mantidos pelos valores em caixa ou equivalentes de caixa que poderiam ser obtidos pela venda em uma forma ordenada. Portanto, caracterizam uma SAÍDA.

No custo corrente, os ativos são reconhecidos pelos valores em caixa ou equivalentes de caixa que teriam de ser pagos se esses ativos ou ativos equivalentes fossem adquiridos na data do balanço. Trata-se, assim, de um valor de ENTRADA.

35. Presume-se que a entidade não tem a intenção, nem a necessidade de entrar em liquidação, nem reduzir materialmente a escala das suas operações; se tal intenção ou necessidade existir, as demonstrações contábeis têm que ser preparadas numa base diferente e, nesse caso, tal base deverá ser divulgada.

A afirmação acima tem por base o princípio da:

a) continuidade.

b) oportunidade.

c) prudência.

d) relevância.

Resposta: "A"

Comentários do autor:

- O artigo 5º da Resolução CFC nº 750/93, com nova redação dada pela Resolução CFC nº 1.282/10, destaca o princípio da continuidade. Esse princípio pressupõe que a entidade continuará em operação no futuro e, portanto, a mensuração e a apresentação dos componentes do patrimônio levam em conta esta circunstância.

- O pressuposto da continuidade, citado no item 23 da Resolução CFC nº 1.121/08 (vigente na época da realização da primeira edição do Exame de Suficiência), destaca: "As demonstrações contábeis são normalmente preparadas no pressuposto de que a entidade continuará em operação no futuro previsível. Dessa forma, presume-se que a entidade não tem a intenção, nem a necessidade de entrar em liquidação, nem reduzir materialmente a escala das suas operações; se tal intenção ou necessidade existir, as demonstrações contábeis têm que ser preparadas em uma base diferente e, nesse caso, tal base deverá ser divulgada".

36. Em relação ao passivo, julgue os itens abaixo e, em seguida, assinale a opção CORRETA.

I – Passivos podem decorrer de obrigações formais ou legalmente exigíveis.

II – Existem obrigações que atendem ao conceito de passivo, mas não são reconhecidas por não ser possível mensurá-las de forma confiável.

III – A extinção de um passivo pode ocorrer mediante a prestação de serviços.

Está(ão) CERTO(S) o(s) item(ns):

a) I, II e III.

b) I e II, apenas.

c) II e III, apenas.

d) III, apenas.

Resposta: "A"

180 TEORIA DA CONTABILIDADE

37. Conforme a legislação vigente que regula o exercício profissional, o contabilista poderá ser penalizado por infração legal ao exercício da profissão. Assinale a opção que NÃO corresponde à penalidade ético-disciplinar aplicável.

a) Advertência pública.
b) Advertência reservada.
c) Cassação do exercício profissional.
d) Suspensão temporária do exercício da profissão.

Resposta: "A"

38. Um contabilista, em razão do enquadramento de empresa cliente em regime de tributação simplificado, resolve elaborar a escrituração contábil em regime de caixa. A atitude do contabilista:

a) está em desacordo com os princípios de contabilidade e consiste em infração ao disposto no Código de Ética Profissional do Contabilista, qualquer que seja o porte da empresa.
b) está em desacordo com os princípios de contabilidade, mas não consiste em infração ao disposto no Código de Ética Profissional do Contabilista, qualquer que seja o porte da empresa.
c) não consiste em infração ao disposto no Código de Ética Profissional do Contabilista e está em conformidade com os princípios de contabilidade, caso a empresa em questão seja uma microempresa.
d) não consiste em infração ao disposto no Código de Ética Profissional do Contabilista, mas está em desacordo com os princípios de contabilidade, caso a empresa em questão seja uma microempresa.

Resposta: "A"

39. Com relação ao comportamento dos profissionais da contabilidade, analise as situações hipotéticas apresentadas nos itens abaixo e, em seguida, assinale a opção CORRETA.

Capítulo 9 – Exercícios **181**

I – Um contabilista iniciante contratou um agenciador de serviços para atuar na captação de clientes. Para cada cliente captado, o agenciador irá receber 1% dos honorários acertados.

II – Em razão de sua aposentadoria, o contabilista transferiu seus contratos de serviço para seu genro, também contabilista. Os clientes foram contatados um a um, por telefone, e se manifestaram de acordo com a mudança.

III – Um perito-contador, indicado pelo juiz para atuar em uma questão relativa a uma dissolução de sociedade, recusou-se a assumir o trabalho por não se achar capacitado.

De acordo com as três situações acima descritas, o comportamento do profissional da contabilidade está em DESACORDO com os deveres descritos no Código de Ética Profissional do Contabilista nos itens:

a) I, II e III.

b) I e II, apenas.

c) I, apenas.

d) II e III, apenas.

Resposta: "B"

40. A respeito dos princípios de contabilidade, julgue os itens abaixo e, em seguida, assinale a opção CORRETA.

I – A observância dos princípios de contabilidade é obrigatória no exercício da profissão e constitui condição de legitimidade das Normas Brasileiras de Contabilidade.

II – Os ativos avaliados pelo seu valor de liquidação baseiam-se no princípio da continuidade, pressupondo que a entidade continuará em operação no futuro.

III – A falta de integridade e tempestividade na produção e na divulgação da informação contábil pode ocasionar a perda de sua relevância, por isso é necessário ponderar a relação entre a oportunidade e a confiabilidade da informação.

Está(ao) CERTO(S) apenas o(s) item(ns):

182 TEORIA DA CONTABILIDADE

a) I e II.
b) I e III.
c) II.
d) III.

Resposta: "B"

Comentário do autor:

Afirmação I: Validada pela Resolução CFC nº 750/93, que traz em seu artigo 1º, § 1º, o seguinte texto: "A observância dos princípios de contabilidade é obrigatória no exercício da profissão e constitui condição de legitimidade das Normas Brasileiras de Contabilidade (NBC)".

Afirmação II: Não validada, não é possível estabelecer esta relação.

Afirmação III: Validada pela Resolução CFC nº 750/93, que traz em seu artigo 6º, parágrafo único, o seguinte texto: "A falta de integridade e tempestividade na produção e na divulgação da informação contábil pode ocasionar a perda de sua relevância, por isso é necessário ponderar a relação entre a oportunidade e a confiabilidade da informação. (Redação dada pela Resolução CFC nº 1.282/10)".

41. Relacione a situação descrita na primeira coluna com o procedimento a ser adotado na segunda coluna e, em seguida, assinale a opção CORRETA.

(1) Há obrigação presente que, provavelmente, requer uma saída de recursos.

( ) Nenhuma provisão é reconhecida, mas é exigida divulgação para o passivo contingente.

(2) Há obrigação possível ou obrigação presente que pode requerer, mas provavelmente não irá requerer uma saída de recursos.

( ) Nenhuma provisão é reconhecida e nenhuma divulgação é exigida.

(3) Há obrigação possível ou obrigação presente cuja probabilidade de uma saída de recursos é remota.

( ) A provisão é reconhecida e é exigida divulgação para a provisão.

A sequência CORRETA é:

a) 2, 3, 1.

b) 1, 3, 2.

c) 2, 1, 3.

d) 1, 2, 3.

Resposta: "A"

42. A Estrutura Conceitual para Elaboração e Apresentação das Demonstrações Contábeis estabelece os conceitos que fundamentam a preparação e a apresentação de demonstrações contábeis destinadas a usuários externos.

Com base nessa observação, julgue os itens a seguir como Verdadeiros (V) ou Falsos (F) e, em seguida, assinale a opção CORRETA.

( ) Estão fora do alcance da Estrutura Conceitual informações financeiras elaboradas para fins exclusivamente fiscais.

( ) Uma qualidade essencial das informações apresentadas nas demonstrações contábeis é que elas sejam prontamente entendidas pelos usuários. Por esta razão, informações sobre assuntos complexos devem ser excluídas por serem de difícil entendimento para usuários que não conheçam as particularidades do negócio.

( ) Regime de competência e Continuidade são apresentados na Estrutura Conceitual para Elaboração e Apresentação das Demonstrações Contábeis como pressupostos básicos.

( ) Compreensibilidade, relevância, confiabilidade e comparabilidade são apresentadas na Estrutura Conceitual para Elaboração e Apresentação das Demonstrações Contábeis como pressupostos básicos.

A sequência CORRETA é:

a) F, F, F, F.

b) F, F, V, F.

c) V, F, V, F.

d) V, V, V, F.

Resposta: "C"

Comentários do autor:

- Primeira afirmação: VERDADEIRA: Baseada no que diz a Resolução CFC nº 1.121/08, em seu item 6. Além disso, nas suas considerações iniciais consta: "As demonstrações contábeis são preparadas e apresentadas para usuários externos em geral, tendo em vista suas finalidades distintas e necessidades diversas. Governos, órgãos reguladores ou autoridades fiscais, por exemplo, podem especificamente determinar exigências para atender a seus próprios fins. Essas exigências, no entanto, não devem afetar as demonstrações contábeis preparadas segundo esta estrutura conceitual".

- Segunda afirmação: FALSA, pois a Resolução CFC nº 1.121/08, em seu item 25, que trata da compreensibilidade das informações constantes nas demonstrações contábeis, indica que "informações sobre assuntos complexos que devam ser incluídas nas demonstrações contábeis por causa da sua relevância para as necessidades de tomada de decisão pelos usuários não devem ser excluídas em nenhuma hipótese, inclusive sob o pretexto de que seria difícil para certos usuários as entenderem".

- Terceira afirmação: VERDADEIRA. Os itens 22 – regime de competência – e 23 – continuidade – são apresentados na Resolução CFC nº 1.121/08 como pressupostos básicos.

- Quarta afirmação: FALSA. De acordo com a Resolução CFC nº 1.121/08, os itens citados na afirmação (compreensibilidade, relevância, confiabilidade e comparabilidade) são, na verdade, as quatro principais características qualitativas das demonstrações contábeis, ou seja, são atributos que tornam as demonstrações contábeis úteis para os usuários.

43. De acordo com a NBC TA 240 – Responsabilidade do Auditor em Relação à Fraude no Contexto da Auditoria de Demonstrações Contábeis, a fraude é considerada o ato intencional de um ou mais indivíduos da administração, dos responsáveis pela governança, empregados ou terceiros que envolva:

a) a obtenção de vantagem justa ou legal.

b) culpa para obtenção de vantagens.

c) dolo ou culpa para obtenção de vantagem injusta ou ilegal.

d) dolo para obtenção de vantagem injusta ou ilegal.

Resposta: "D"

44. De acordo com as Normas Brasileiras de Auditoria convergentes com as Normas Internacionais de Auditoria, o risco de que uma distorção relevante possa ocorrer e não ser evitada, ou detectada e corrigida em tempo hábil por controles internos relacionados é considerado um risco:

a) de controle.

b) de detecção.

c) inerente.

d) inevitável.

Resposta: "A"

45. Uma empresa apresentava um quadro societário de cinco sócios, com as seguintes participações: sócio A: 20%; sócio B: 20%; sócio C: 20%; sócio D: 20%; e sócio E: 20%. O sócio D foi excluído da sociedade pelos demais sócios, os quais arquivaram uma alteração contratual na junta comercial, na qual constou em uma das cláusulas que os haveres do sócio excluído estariam a sua disposição, cuja apuração de haveres teria sido realizada com base em balanço patrimonial especial. O sócio D ajuizou uma ação de apuração de haveres na qual pediu a avaliação dos bens da sociedade, com base em valores de mercado. O juiz nomeou dois peritos. Para a avaliação dos bens imóveis, foi nomeado um perito engenheiro e para a apuração dos haveres foi nomeado o perito-contador. O trabalho do perito-contador utilizou os dados apresentados pela perícia de engenharia e os valores do balanço patrimonial especial juntados aos autos, para, por fim, elaborar um novo balanço patrimonial ajustado.

186 TEORIA DA CONTABILIDADE

O balanço patrimonial especial era assim representado:

Balanço patrimonial especial em 31/1/2011	
ATIVO	
Ativo Circulante	**R$ 742.465,53**
Caixa	R$ 3.466,40
Bancos Conta Movimento	R$ 19.360,36
Aplicações	R$ 51.656,48
Estoques	R$ 124.019,03
Duplicatas a Receber	R$ 214.734,00
Adiantamentos	R$ 8.728,57
Impostos a Recuperar	R$ 35.834,51
Despesas Pagas Antecipadamente	R$ 284.666,18
Ativo Não Circulante	**R$ 1.899.933,61**
Investimentos	R$ 14.814,87
Imobilizado	R$ 1.884.292,23
Intangível	R$ 826,31
Total do Ativo	**R$ 2.642.399,14**
Passivo a Descoberto	**R$ 389.219,93**
Capital Social Realizado	R$ (121.260,00)
Prejuízos Acumulados	R$ 510.479,93
Total do Ativo + Passivo a Descoberto	**R$ 3.031.619,07**
PASSIVO	
Passivo Circulante	**R$ 2.366.717,69**
Fornecedores	R$ 1.332.217,17
Empréstimos Bancários	R$ 20.000,00
Obrigações Sociais a Recolher	R$ 234.200,21
Impostos e Taxas a Recolher	R$ 678.683,18
Obrigações Trabalhistas	R$ 52.086,21
Provisões	R$ 37.324,65
Adiantamentos de Clientes	R$ 12.206,27
Passivo Não Circulante	R$ 664.901,38
Empréstimos de Longo Prazo	R$ 451.765,96
Impostos Federais Parcelados	R$ 213.135,42
Total do Passivo	**R$ 3.031.619,07**

Capítulo 9 – Exercícios **187**

O perito-contador realizou os ajustes necessários a um novo balanço patrimonial, no qual os haveres do sócio excluído ficaram apurados em:

a) R$ 33.509,67.
b) R$ 167.548.36.
c) R$ 491.340,38.
d) R$ 639.833,49.

Resposta: "A"

46. De acordo com as Normas Brasileiras de Contabilidade aplicáveis aos trabalhos de perícia contábil, o laudo pericial contábil é:

a) a indagação e a busca de informações, mediante conhecimento do objeto da perícia solicitada nos autos.

b) a investigação e a pesquisa sobre o que está oculto por quaisquer circunstâncias nos autos.

c) a peça escrita elaborada pelo perito assistente, na qual ele deve registrar, de forma abrangente, o conteúdo da perícia e particularizar os aspectos e as minudências que envolvam o seu objeto e as buscas de elementos de prova necessários para a conclusão do seu trabalho.

d) o documento escrito no qual o perito deve registrar, de forma abrangente, o conteúdo da perícia e particularizar os aspectos e as minudências que envolvam o seu objeto e as buscas de elementos de prova necessários para a conclusão do seu trabalho.

Resposta: "D"

47. O auditor realizou uma contagem física no caixa da empresa auditada. Considerando que nessa data o saldo anterior existente era de R$ 100.000,00 e, levando em consideração os eventos após a contagem, o CORRETO valor do saldo final do caixa da empresa é de:

Eventos:

– Pagamento de duplicata de um determinado fornecedor, efetuado por meio de cheque no valor de R$ 57.000,00.

188 TEORIA DA CONTABILIDADE

- Recebimento de duplicatas em carteira no valor de R$ 72.000,00, acrescido de juros por atraso de 2%.
- Pagamento em dinheiro de despesas diversas no valor de R$ 21.900,00.
- Pagamento em dinheiro de serviços terceirizados no valor de R$ 51.000,00.

a) R$ 27.100,00.
b) R$ 43.540,00.
c) R$ 100.540,00.
d) R$ 173.440,00.

Resposta: "C"

Leia o texto a seguir para responder às questões 48, 49 e 50.

As Ciências Contábeis inseridas na sustentabilidade
Rosangela Beckman e Dandara Lima
Colaboraram: Fabrício Santos e Maria do Carmo Nóbrega

Em decorrência do progresso crescente, diversos segmentos da sociedade voltaram suas preocupações para uma esfera de que até bem pouco tempo não se falava muito: a preservação ambiental e o ônus decorrente dessa expansão mundial. Em vista disso, determinados setores da sociedade partiram em busca de estratégias controladoras com a finalidade de que fossem produzidas soluções eficazes para o desenvolvimento sustentável.

A contabilidade, que é uma ciência que tem como objeto de estudo o patrimônio das entidades, enveredou nessa linha social e recoloca-se como uma ferramenta gerencial fundamental com vistas a conferir os encargos decorrentes dos impactos ambientais deflagrados pelas atuais atividades econômicas.

Com o objetivo de tornar evidente esse relacionamento entre empresa e meio ambiente, a contabilidade socioambiental, autenticada como mais um segmento das Ciências Contábeis, que vem ganhando espaço privilegiado atualmente na sociedade, foi concebida para fornecer informações e interpretações pontuais a empresas, governos e demais usuários a respeito de seu patrimônio ambiental e os respectivos efeitos

Capítulo 9 – Exercícios **189**

ocasionados pelos danos ao meio ambiente, os quais podem ser mensurados em moeda.

(Revista Brasileira de Contabilidade.
Maio/junho de 2007 – nº 183, p. 20. Com adaptações.)

48. Segundo o texto, é INCORRETO afirmar que

a) a contabilidade socioambiental tem como objeto o relacionamento entre entidade e meio ambiente.
b) encargos relativos ao impacto ambiental são mensuráveis em moeda.
c) estratégias de controle ambiental levam ao desenvolvimento sustentável.
d) o progresso mundial implica degradação ambiental.

Resposta: "D"

49. No texto, é CORRETA a substituição, sem mudança de sentido, de

a) "até bem pouco tempo" (linha 2) por a bem pouco tempo atrás.
b) "de que fossem produzidas" (linha 5) por de que se produza.
c) "eficazes" (linha 6) por eficientes.
d) "Em decorrência" (linha 1) por como resultado.

Resposta: "D"

50. De acordo com o texto, assinale a descrição gramatical INCORRETA.

a) O uso de dois pontos, na linha 3, anuncia a identificação sumária do tema pouco discutido.
b) Para evitar a repetição do pronome relativo, reescreve-se o enunciado das linhas 7 a 8 da seguinte maneira, sem mudança de sentido: A contabilidade, ciência que o objeto de estudo é o patrimônio das entidades, enveredou nessa linha social.

190 TEORIA DA CONTABILIDADE

c) A próclise pronominal em "não se falava muito" (linhas 2 e 3) é o resultado da regra de colocação do pronome átono precedido de palavra de sentido negativo.

d) A justificativa para o emprego obrigatório da vírgula, em "danos ao meio ambiente, os quais podem ser mensurados em moeda" (linhas 16 e 17), é a natureza explicativa da oração adjetiva.

Resposta: "B"

9.2. QUESTÕES DA 2ª EDIÇÃO – SETEMBRO DE 2011

1. Acerca das demonstrações contábeis, julgue os itens abaixo e, em seguida, assinale a opção CORRETA.

I. O recebimento de caixa resultante da venda de Ativo Imobilizado e Intangível é apresentado na Demonstração dos Fluxos de Caixa como atividade operacional.

II. No Balanço Patrimonial, os ativos mantidos com o propósito de serem negociados classificam-se no grupo do Ativo Circulante.

III. Uma empresa que realize uma operação de venda do seu estoque por R$ 21.000,00, que foi adquirido por R$ 11.000,00 e que, ainda, tenha incorrido em comissões sobre venda no valor total de R$ 2.000,00 apresentará na Demonstração do Resultado um Lucro Bruto de R$ 8.000,00.

Está(ão) certo(s) apenas o(s) item(ns):

a) I e II.

b) II e III.

c) II.

d) III.

Resposta: "C"

2. Uma indústria de alimentos pagou em 1º de dezembro de 2010 o valor de R$ 4.800,00 pela contratação de prêmio de seguro

Capítulo 9 – Exercícios **191**

dos veículos utilizados para entrega dos produtos vendidos, vigente de dezembro de 2010 a novembro de 2011.

Em janeiro de 2011, o registro contábil correspondente ao gasto com seguros gerou um aumento de:

a) R$ 400,00 em Despesa.
b) R$ 400,00 em Custo de Produção.
c) R$ 4.400,00 em Despesa.
d) R$ 4.400,00 em Custo de Produção.

Resposta: "A"

3. Uma sociedade empresária que tem como atividade operacional a prestação de serviços registrou as seguintes transações no mês de agosto de 2011.

- Aquisição de peças para reposição no valor de R$ 10.000,00 para serem utilizadas na prestação de serviços do mês de setembro de 2011.
- Prestação de serviços no valor total de R$ 80.000,00 para diversos clientes. Para a execução desses serviços, a sociedade utilizou-se de peças que haviam custado R$ 5.000,00 e o custo total com pessoal totalizou R$ 25.000,00.
- Pagamento do valor de R$ 100,00 referente à comissão sobre as vendas do mês de julho de 2011.
- Obtenção de empréstimo bancário no início do mês de agosto de 2011, no valor de R$ 40.000,00, a ser pago no fim do mês de agosto de 2011 acrescidos de juros de 3% para o período.
- Despesa com o pessoal administrativo no valor de R$ 1.000,00 a ser pago em setembro de 2011.
- Recebimento do valor de R$ 60.000,00 referente aos serviços prestados no mês de maio de 2011.
- Pagamento de salários referente à folha do mês de julho de 2011 no valor de R$ 20.000,00.

Considerando as transações do mês de agosto de 2011, o Resultado do Período apurado é:

192 TEORIA DA CONTABILIDADE

a) R$ 78.900,00.
b) R$ 49.000,00.
c) R$ 47.800,00.
d) R$ 37.800,00.

Resposta: "C"

4. Uma sociedade empresária apresenta no seu Ativo Não Circulante investimento em uma Subsidiária Integral. Em 31 de dezembro de 2010, foi apresentado o seguinte papel de trabalho para que fossem identificados os registros de eliminações e os saldos consolidados. Não existem lucros não realizados decorrentes de transações entre as companhias.

Contas	Controladora	Subsidiária	Eliminação de consolidação		Saldos Consolidados
			Débito	Crédito	
ATIVO CIRCULANTE	R$ 525.000,00	R$ 225.000,00			
Caixa	R$ 75.000,00	R$ 85.000,00			
Clientes – Terceiros	R$ 150.000,00	R$ 40.000,00			
Clientes – Subsidiária	R$ 100.000,00	–			
Estoques	R$ 200.000,00	R$ 100.000,00			
ATIVO NÃO CIRCULANTE	R$ 475.000,00	R$ 0,00			
Investimentos em Subsidiária	R$ 125.000,00	–			
Imobilizado	R$ 350.000,00				
TOTAL DO ATIVO	R$ 1.000.000,00	R$ 225.000,00			
PASSIVO	R$ 450.000,00	R$ 100.000,00			
Fornecedores – Terceiros	R$ 450.000,00	–			
Fornecedores – Controladora	–	R$ 100.000,00			
PASSIVO NÃO CIRCULANTE	R$ 0,00	R$ 0,00			
PATRIMÔNIO LÍQUIDO	R$ 550.000,00	R$ 125.000,00			
Capital Social	R$ 500.000,00	R$ 125.000,00			
Reserva de Lucro	R$ 50.000,00	–			
TOTAL DO PASSIVO E PATRIMÔNIO LÍQUIDO	R$ 1.000.000,00	R$ 225.000,00			

A partir da elaboração do Balanço Patrimonial Consolidado, assinale a opção INCORRETA.

a) O Ativo Circulante consolidado é de R$ 650.000,00.

b) O Ativo Não Circulante consolidado é de R$ 350.000,00.

c) O Patrimônio Líquido consolidado é de R$ 550.000,00.

d) O Ativo consolidado é de R$ 1.100.000,00.

Resposta: D

5. Uma empresa industrial possui um Ativo Imobilizado cujo custo histórico é igual a R$ 50.000,00 e cuja depreciação acumulada equivale a R$ 12.000,00. A empresa apurou, para esse ativo, um valor justo líquido de despesas de venda de R$ 10.000,00 e um valor em uso de R$ 20.000,00.

Com base nos dados informados, considerando a NBC TG 01 – Redução ao Valor Recuperável de Ativos –, o valor a ser registrado como perda por desvalorização do Ativo Imobilizado será de:

a) R$ 18.000,00.

b) R$ 28.000,00.

c) R$ 30.000,00.

d) R$ 40.000,00.

Resposta: A

6. Uma sociedade empresária apresentou o seguinte quadro, construído a partir da identificação de diversas obrigações presentes decorrentes de eventos passados, cujas probabilidades de saída de recurso foram classificadas como prováveis ou possíveis.

Natureza da Obrigação	Saída de Recurso	Mensuração	Estimativa
Garantias	Provável	Estimativas confiáveis	R$ 150.000,00
Danos ambientais	Provável	Inexistência de estimativas confiáveis	R$ 10.000,00
Riscos fiscais, trabalhistas e cíveis	Provável	Estimativas confiáveis	R$ 700.000,00
Riscos fiscais, trabalhistas e cíveis	Possível	Estimativas confiáveis	R$ 300.000,00
Danos ambientais	Possível	Estimativas confiáveis	R$ 100.000,00

194 TEORIA DA CONTABILIDADE

De acordo com a NBC TG 25 – Provisões, Passivos Contingentes e Ativos Contingentes, o valor de provisões a ser constituído e apresentado no Balanço Patrimonial será de:

a) R$ 400.000,00.

b) R$ 850.000,00.

c) R$ 860.000,00.

d) R$ 1.250.000,00.

Resposta: B

7. Uma sociedade empresária mantém no seu estoque de mercadorias para revenda três tipos de mercadorias: I, II e III. O valor total do custo de aquisição, preço de vendas e gastos com vendas, em 31.12.2010, estão detalhados a seguir:

Tipo de Estoque	Custo	Preço de Venda	Gastos com vendas
I	R$ 660,00	R$ 820,00	R$ 100,00
II	R$ 385,00	R$ 366,00	R$ 38,00
III	R$ 800,00	R$ 750,00	R$ 45,00

No Balanço Patrimonial em 31.12.2010, o saldo de Estoque de acordo com a NBC TG 16 é de:

a) R$ 1.693,00.

b) R$ 1.753,00.

c) R$ 1.845,00.

d) R$ 1.936,00.

Resposta: A

8. Uma entidade apresentou, em 31.12.2010, os seguintes saldos de contas:

Contas	Saldos
Ações de Outras Empresas – para negociação	R$ 2.300,00
Ações em Tesouraria	R$ 500,00

Contas	Saldos
Bancos Conta Movimento	R$ 7.500,00
Caixa	R$ 1.000,00
Capital Social	R$ 26.500,00
Depreciação Acumulada	R$ 11.000,00
Estoque de Mercadoria para Revenda	R$ 6.200,00
Fornecedores – Vencimento em setembro de 2011	R$ 24.000,00
Imóveis de Uso	R$ 32.500,00
Impostos a Pagar – Vencimento em janeiro de 2011	R$ 8.000,00
Propriedades para Investimento	R$ 5.000,00
Participação Societária em Empresas Controladas	R$ 17.500,00
Participações Permanentes no Capital de Outras Empresas	R$ 1.500,00
Reserva Legal	R$ 4.500,00

No Balanço Patrimonial, o saldo do grupo Investimentos do Ativo Não Circulante é igual a:

a) R$ 21.300,00.

b) R$ 23.000,00.

c) R$ 24.000,00.

d) R$ 26.300,00.

Resposta: C

9. Em relação às Notas Explicativas e às Demonstrações Contábeis, assinale a opção INCORRETA.

a) A entidade deve divulgar nas notas explicativas as fontes principais da incerteza das estimativas à data do balanço que tenham risco significativo de provocar modificação material nos valores contábeis de ativos e passivos durante o próximo.

b) A entidade deve divulgar no resumo de políticas contábeis significativas as bases de mensuração utilizadas na elaboração das demonstrações contábeis e outras políticas contábeis utilizadas que sejam relevantes para a compreensão das demonstrações contábeis.

196 TEORIA DA CONTABILIDADE

c) Informação adicional que não tenha sido apresentada nas demonstrações contábeis, mas que seja relevante para sua compreensão, deve ser apresentada nas notas explicativas.

d) Políticas contábeis inadequadas podem ser retificadas por meio da divulgação das políticas contábeis utilizadas ou por notas ou qualquer outra divulgação explicativa.

Resposta: D

10. Uma sociedade empresária "A" apresentou em seu Balanço Patrimonial, no grupo de Passivo Circulante, a quantia de R$ 1.000.000,00 a titulo de Dividendos Propostos e, na Demonstração de Resultado, um Lucro do Período no valor de R$ 4.000.000,00.

Considerando que uma determinada sociedade investidora "B" participa do Capital dessa empresa com um percentual de 10% e que apresenta no Ativo Não Circulante a participação na sociedade "A", classificada como Investimento avaliado pelo método de custo, por ser a forma adequada de classificação, o registro contábil desta mutação patrimonial na investidora "B", será:

| a) | Débito | Dividendos Propostos a Receber | R$ 100.000,00 |
| | Crédito | Receitas de Dividendos | R$ 100.000,00 |

b)	Débito	Dividendos Propostos a Receber	R$ 100.000,00
	Débito	Investimentos	R$ 400.000,00
	Crédito	Ganho por Equivalência Patrimonial	R$ 500.000,00

| c) | Débito | Dividendos Propostos a Receber | R$ 100.000,00 |
| | Crédito | Investimentos | R$ 100.000,00 |

d)	Débito	Dividendos Propostos a Receber	R$ 100.000,00
	Débito	Investimentos	R$ 300.000,00
	Crédito	Ganho por Equivalência Patrimonial	R$ 400.000,00

Resposta: A

Capítulo 9 – Exercícios **197**

11. Uma sociedade empresária foi constituída em 31.12.2010 com capital de R$ 100.000,00, dos quais R$ 10.000,00 foram integralizados em dinheiro naquela data. Em janeiro de 2011, os sócios entregaram mais R$ 30.000,00 em dinheiro e R$ 40.000,00 em terrenos. Ainda em janeiro, a sociedade empresária adquiriu mercadorias para revenda por R$ 32.000,00, metade à vista e metade para pagamento em 30 dias.

Desconsiderando a incidência de tributos e com base nos dados informados, é CORRETO afirmar que, na Demonstração dos Fluxos de Caixa relativa ao mês de janeiro de 2011:

a) as atividades de financiamento geraram caixa no valor de R$ 70.000,00.

b) as atividades de financiamento geraram caixa no valor de R$ 80.000,00.

c) as atividades de investimento consumiram caixa no valor de R$ 40.000,00.

d) as atividades operacionais consumiram caixa no valor de R$ 16.000,00.

Resposta: D

12. Uma sociedade empresária iniciou suas atividades em 1º de agosto de 2011, tendo realizado as seguintes operações durante o mês:

Data	Operação
1.8.11	Integralização do capital inicial de R$ 200.000,00 em dinheiro, depositado em conta corrente.
2.8.11	Compra à vista, com cheque, de terreno para uso próprio por R$ 80.000,00.
5.8.11	Compra de computadores para revenda à vista por R$ 120.000,00.
8.8.11	Compra, a prazo, de computadores para revenda pelo valor de R$ 80.000,00.
12.8.11	Devolução de 25% da compra do dia 8 por defeito na mercadoria.
28.8.11	Venda do estoque de computadores à vista por R$ 350.000,00.

Em relação ao Balanço Patrimonial elaborado, a partir do registro das transações, é CORRETO afirmar que o:

a) Patrimônio Líquido totaliza R$ 370.000,00.

b) Patrimônio Líquido totaliza R$ 200.000,00.

c) Passivo totaliza R$ 430.000,00.

198 TEORIA DA CONTABILIDADE

d) Ativo Circulante totaliza R$ 430.000,00.

Resposta: A

13. Com base em um contrato continuado de serviço de manutenção de aparelhos com o fornecimento de peças incluso no mesmo contrato, sem distinção dos objetos de gasto no Setor Público, julgue os itens abaixo como Verdadeiros (V) ou Falsos (F) e, em seguida, assinale a opção CORRETA.

I. O elemento de despesa tem por finalidade identificar os objetos de gasto, tais como vencimentos e vantagens fixas, juros, diárias, material de consumo, serviços de terceiros prestados sob qualquer forma e outros de que a administração pública se serve para a consecução de seus fins.

II. Para a emissão do empenho, deve-se identificar o objeto do gasto, que, no caso, é a prestação de serviços com base no contrato de manutenção de aparelhos, já que não é possível no contrato fazer a distinção entre os objetos de gasto.

III. É desnecessária a emissão de dois empenhos, sendo emitido apenas um na Natureza da Despesa, pois o fornecimento de peças está incluso e não altera o valor do contrato.

A sequência CORRETA é:

a) F, F, F.

b) F, F, V.

c) V, F, F.

d) V, V, V.

Resposta: D

14. Relacione a classe descrita na primeira coluna com exemplos de grupo de contas na segunda coluna e, em seguida, assinale a opção CORRETA.

Capítulo 9 – Exercícios **199**

(1) Variação Patrimonial Diminutiva

( ) Tributos e Contribuições, Venda de Mercadorias, Valorização e Ganhos de Ativos, Planejamento Aprovado, Orçamento Aprovado, Inscrição de Restos a Pagar.

(2) Variação Patrimonial Aumentativa

( ) Execução dos Atos Potenciais, Execução da Administração Financeira, Execução da Dívida Ativa, Execução dos Riscos Fiscais, Apuração de Custos.

(3) Controles de Execução do Planejamento e Orçamento

( ) Pessoal e Encargos, Benefícios Previdenciários, Tributos e Contribuições, Uso de Bens, Serviços e Consumo de Capital Fixo.

(4) Controles Devedores

( ) Atos Potenciais, Administração Financeira, Dívida Ativa, Riscos Fiscais, Custos.

(5) Controles Credores

( ) Execução do Planejamento, Execução do Orçamento, Execução de Restos a Pagar.

A sequência CORRETA é:

a) 2, 5, 3, 4, 1.

b) 2, 5, 1, 4, 3.

c) 2, 4, 1, 5, 3.

d) 2, 3, 1, 4, 5.

Resposta: B

15. Uma empresa realizou seu inventário físico em 1º.8.2011, identificando em seu estoque de mercadorias 8.000 unidades, avaliadas ao custo médio unitário de R$ 180,00. Em 5.8.2011 vendeu 6.000 unidades, à vista, por R$ 1.650.000,00, numa operação isenta de tributos de qualquer natureza. O comprador, no dia 10.8.2011, devolveu 20% da compra e ainda conseguiu obter um abatimento de 20% no preço.

Considerando essas transações as únicas do mês de agosto, a empresa apresentou um estoque em 31.8.2011 de:

a) 3.200 unidades a R$ 144,00, totalizando R$ 460.800,00.

b) 3.200 unidades a R$ 166,50, totalizando R$ 532.800,00.

200 TEORIA DA CONTABILIDADE

c) 3.200 unidades a R$ 180,00, totalizando R$ 576.000,00.

d) 3.200 unidades a R$ 193,50, totalizando R$ 619.200,00.

Resposta: C

16. Em 31 de dezembro de 2010, um determinado órgão público publicou a seguinte Demonstração de Resultado Econômico:

DEMONSTRAÇÃO DO RESULTADO ECONÔMICO	
Receita Econômica dos Serviços Prestados	R$ 4.900.000,00
(-) Custos de Execução Diretos	(R$ 4.886.000,00)
= Margem Bruta	R$ 14.000,00
(-) Custos de Execução Indiretos	(R$ 480.000,00)
= Resultado Econômico Apurado	(R$ 466.000,00)

Acerca da análise da Demonstração do Resultado Econômico, em conformidade com a NBC T SP 16.6 e o Manual de Contabilidade Aplicada ao Setor Público, assinale a opção CORRETA.

a) A apresentação desta demonstração permite a este órgão público avaliar os custos dos serviços prestados, a transparência sobre aspectos qualitativos, quantitativos e ampliar mecanismos de controle da sociedade sobre a atuação governamental no campo orçamentário, financeiro e patrimonial.

b) A avaliação da gestão deste órgão público não pode ser verificada pela avaliação dos custos de serviços prestados e da receita econômica apresentada nesta demonstração, pois a não obrigatoriedade da demonstração financeira e patrimonial deixa a execução orçamentária fora dos parâmetros diante da falta do sistema de controle interno.

c) A Constituição Federal de 1988 afirma que a apresentação da aplicação de recursos públicos nos órgãos federais é fator de comprovação da eficácia e eficiência da gestão orçamentária, portanto, dispensando a apresentação do financeiro e patrimonial.

d) Este órgão público está apresentando um controle financeiro e patrimonial que deve ser apenas analisado pela gestão interna, pois a Lei de Responsabilidade Fiscal determina que a Administração Pública mantenha sistema de custos que permita a avaliação e o acompanhamento da gestão orçamentária e, não, do financeiro e patrimonial.

Resposta: A

17. No primeiro semestre de 2011, uma determinada indústria tem os seguintes custos indiretos em seu departamento de colocação de tampas em garrafas.

Mão de Obra Ind	R$ 11.200,00
Lubrificantes	R$ 2.450,00
Energia Elétrica	R$ 3.325,00
Depreciação	R$ 1.750,00
Custos Ind Divers	R$ 4.200,00

Neste primeiro semestre, foram produzidas 24.500 dúzias de garrafas de 0,5 litro, 28.000 dúzias de garrafas de 1,0 litro e 17.500 dúzias de garrafas de 1,5 litro.

Com base na quantidade produzida, assinale a opção que apresenta o rateio dos custos indiretos das garrafas.

a) A garrafa de 1,0 litro totalizou custos indiretos na ordem de R$ 9.651,43.

b) A garrafa de 1,5 litro totalizou custos indiretos na ordem de R$ 9.050,79.

c) As garrafas de 0,5 e 1,0 litro totalizaram custos indiretos na ordem de R$ 17.193,75.

d) As garrafas de 1,0 e 1,5 litro totalizaram custos indiretos na ordem de R$ 18.702,22.

Resposta: C

18. As seguintes informações foram extraídas do departamento de escuderia de uma indústria, no mês de junho 2011, que utiliza o Sistema de Custeio ABC:

Produto	Materiais Diretos	Mão de Obra Direta	Pedidos de alterações de engenharia	Quilowatt-hora
A	R$ 22.000,00	R$ 8.000,00	15	7.000 W
B	R$ 28.000,00	R$ 12.000,00	25	13.000 W
Total	R$ 50.000,00	R$ 20.000,00	40	20.000 W

202 TEORIA DA CONTABILIDADE

Foram identificadas as seguintes atividades relevantes:

Atividade	Direcionador de custo
Realizar engenharia	Pedidos de alterações de engenharia
Energizar	Quilowatt-hora

Os custos indiretos de manufatura para o mês foram:

Realizar engenharia	R$ 84.000
Energizar	R$ 15.000
Total dos custos indiretos de manufatura	R$ 99.000

Com base nos dados apresentados, assinale a opção que apresenta o custo total do Produto "A" e do Produto "B", utilizando o método ABC, respectivamente:

a) R$ 66.750,00 e R$ 102.250,00.

b) R$ 69.600,00 e R$ 99.400,00.

c) R$ 72.429,00 e R$ 96.571,00.

d) R$ 73.560,00 e R$ 95.440,00.

Resposta: A

19. Uma determinada empresa iniciou suas atividades no mês de agosto fabricando mesas escolares. Nesse mês, foram acabadas 700 unidades e 75 ficaram na produção em andamento com acabamento médio de 36%.

Custos:

Matéria-prima R$ 124.000,00

Mão de Obra Direta R$ 50.000,00

Custos Indiretos R$ 36.700,00

A matéria-prima é totalmente requisitada do almoxarifado antes de se iniciar a produção.

Os custos da produção acabada e da produção em andamento são, respectivamente, de:

Capítulo 9 – Exercícios **203**

a) R$ 105.350,00 e R$ 105.350,00.
b) R$ 190.309,68 e R$ 20.390,32.
c) R$ 195.480,06 e R$ 15.219,94.
d) R$ 202.874,83 e R$ 7.825,17.

Resposta: C

20. De acordo com a terminologia de custos, julgue os itens abaixo como Verdadeiros (V) ou Falsos (F) e, em seguida, assinale a opção CORRETA.

I. A depreciação de equipamentos que são utilizados em mais de um produto é classificada como custos indiretos de fabricação.

II. Quando uma indústria produz apenas um produto, não existe alocação de custos indiretos de fabricação.

III. O valor anormal de desperdício de materiais, mão de obra ou outros insumos de produção são incluídos como custo do período.

IV. O critério PEPS pressupõe que os itens de estoque que foram comprados ou produzidos primeiro sejam vendidos em primeiro lugar e, consequentemente, os itens que permanecerem em estoque no fim do período sejam os mais recentemente comprados ou produzidos.

V. De acordo com o critério do custo médio ponderado, o custo de cada item é determinado a partir da média ponderada do custo de itens semelhantes no começo de um período e do custo dos mesmos itens comprados ou produzidos durante o período.

A sequência CORRETA é:
a) V, F, V, F, F.
b) V, F, V, F, V.
c) V, V, F, V, F.
d) V, V, F, V, V.

Resposta: D

21. Uma empresa possui as seguintes informações extraídas de seu Balancete de Verificação em 30 de junho de 2011, em milhões de reais:

204 TEORIA DA CONTABILIDADE

Grupos de Contas	1.1.2011	30.6.2011
Ativo Circulante	R$ 17.500.000,00	R$ 39.625.000,00
Passivo Circulante	R$ 9.500.000,00	R$ 20.500.000,00

Em relação à variação do Capital Circulante Líquido da empresa, no primeiro semestre de 2011, assinale a opção CORRETA.

a) A empresa teve uma variação negativa no Capital Circulante Líquido no montante de R$ 11.125.000,00.

b) A empresa teve uma variação positiva no Capital Circulante Líquido no montante de R$ 11.125,000,00.

c) A empresa teve uma variação negativa no Capital Circulante Líquido no montante de R$ 19.125.000,00.

d) A empresa teve uma variação positiva no Capital Circulante Líquido no montante de R$ 19.125.000,00.

Resposta: B

22. Relacione o Indicador Econômico Financeiro descrito na primeira coluna com exemplos de indicadores na segunda coluna e, em seguida, assinale a opção CORRETA.

(1) Indicadores de Capacidade de Pagamento

( ) Liquidez Corrente, Liquidez Seca, Liquidez Imediata, Liquidez Geral e Endividamento.

(2) Indicadores de Atividade

( ) Prazo Médio de Recebimento, Prazo Médio de Pagamento, Giro de Estoques, Giro do Ativo Total.

(3) Indicadores de Rentabilidade

( ) Margem Operacional sobre Vendas, Margem Líquida sobre Vendas, Rentabilidade do Ativo Total e Rentabilidade do Patrimônio Líquido.

A sequência CORRETA é:

a) 2, 3, 1.

b) 3, 1, 2.

c) 1, 3, 2.

d) 1, 2, 3.

Resposta: D

Capítulo 9 – Exercícios **205**

23. Uma empresa apresenta duas propostas de orçamento para o segundo semestre de 2012.

	Orçamento 1	%	Orçamento 2	%
Vendas	R$ 8.550.000,00	100	R$ 14.400.000,00	100
Custos Variáveis	R$ 5.130.000,00	60	R$ 5.760.000,00	40
Margem Contribuição	R$ 3.420.000,00	40	R$ 8.640.000,00	60
Custos Fixos	R$ 1.795.500,00	21	R$ 4.752.000,00	33
Lucro Líquido	R$ 1.624.500,00	19	R$ 3.888.000,00	27

Os pontos de equilíbrio contábil dos Orçamentos 1 e 2, em valores monetários, são, respectivamente:

a) R$ 9.450.000,00 e R$ 17.600.000,00.

b) R$ 7.735.714,29 e R$ 11.781.818,18.

c) R$ 4.488.750,00 e R$ 7.920.000,00.

d) R$ 4.061.250,00 e R$ 6.480.000,00.

Resposta: C

24. Uma empresa apresenta seu orçamento de produção estimado para 2012, com um total de vendas de 1.485.000 unidades; um estoque estimado no início do ano de 412.500 unidades; e um estoque desejado no final do ano de 294.000 unidades. A produção anual total indicada no orçamento de produção em unidades será de:

a) 778.500 unidades.

b) 1.366.500 unidades.

c) 1.603.500 unidades.

d) 2.191.500 unidades.

Resposta: B

25. O planejamento adequado, a designação apropriada de pessoal para a equipe de trabalho, a aplicação de ceticismo profissional, a supervisão e revisão do trabalho de auditoria executado, ajudam a aprimorar a eficácia do procedimento de auditoria e de sua aplicação e reduzem

206 TEORIA DA CONTABILIDADE

a possibilidade de que o auditor possa selecionar um procedimento de auditoria inadequado, aplicar erroneamente um procedimento de auditoria apropriado ou interpretar erroneamente os resultados da auditoria. Tais procedimentos são fundamentais na redução do risco de:

a) controle.

b) detecção.

c) distorção inerente.

d) relevante.

Resposta: B

26. Em relação aos procedimentos de auditoria, assinale a opção CORRETA.

a) A auditoria das demonstrações contábeis exime as responsabilidades da administração ou dos responsáveis pela governança.

b) As demonstrações contábeis sujeitas à auditoria são as da entidade elaboradas pelo auditor independente, com supervisão geral dos responsáveis pela governança.

c) As NBC Técnicas impõem responsabilidades à administração ou aos responsáveis pela governança e se sobrepõem às leis e regulamentos que governam as suas responsabilidades.

d) O objetivo da auditoria é aumentar o grau de confiança nas demonstrações contábeis por parte dos usuários.

Resposta: D

27. Em relação à identificação e à avaliação dos riscos de distorção relevante, assinale a opção CORRETA.

a) O auditor deve obter entendimento do controle interno relevante para a auditoria.

b) O auditor na sua análise deve identificar pontos fortes no ambiente de controle que são desconhecidos.

c) O auditor não deve identificar riscos de negócio relevantes para os objetivos das demonstrações contábeis.

d) O auditor não deve obter um entendimento do ambiente de controle, quando for analisar as demonstrações contábeis.

Resposta: A

28. Em relação à preparação da documentação da auditoria, assinale a opção CORRETA.

a) Ao documentar a natureza, a época e a extensão dos procedimentos de auditoria executados, o auditor não precisa registrar quem executou o trabalho de auditoria nem a data em que foi concluído.

b) É fundamental que o auditor, antes do início dos trabalhos de auditoria, prepare tempestivamente a documentação de auditoria.

c) O auditor deve documentar discussões de assuntos significativos, exceto se forem discutidos com a administração.

d) Se o auditor identificou informações referentes a um assunto significativo que é inconsistente com a sua conclusão final, ele não deve documentar como tratou essa inconsistência.

Resposta: B

29. De acordo com a NBC TP 01 – Perícia Contábil, os procedimentos de perícia contábil visam a fundamentar as conclusões que serão levadas ao laudo pericial contábil ou parecer pericial contábil e abrangem, total ou parcialmente, segundo a natureza e a complexidade da matéria, exame, vistoria, indagação, investigação, arbitramento, mensuração, avaliação e certificação.

Relacione procedimentos de perícia contábil na primeira coluna com a respectiva descrição na segunda coluna e, em seguida, assinale a opção CORRETA.

(1) Exame

( ) Ato de atestar a informação trazida ao laudo pericial contábil pelo perito-contador, conferindo-lhe caráter de autenticidade pela fé pública atribuída a este profissional.

208 TEORIA DA CONTABILIDADE

(2) Vistoria

( ) Determinação de valores ou a solução de contróversia por critério técnico-científico.

(3) Arbitramento

( ) Análise de livros, registros das transações e documentos.

(4) Certificação

( ) Diligência que objetiva a verificação e a constatação de situação, coisa ou fato, de forma circunstancial.

A sequência CORRETA é:

a) 4, 3, 2, 1.

b) 4, 3, 1, 2.

c) 3, 4, 1, 2.

d) 3, 4, 2, 1.

Resposta: B

30. Com relação ao comportamento dos peritos contadores, julgue as situações hipotéticas apresentadas nos itens abaixo e, em seguida, assinale a opção CORRETA.

I. Um perito-contador nomeado pelo juiz dirigiu ao juiz petição, no prazo legal, justificando que não poderia realizar a perícia, por ter sido empregado de uma das partes, há menos de 6 meses.

II. Um perito-contador, nomeado em juízo para atuar em uma questão relativa a uma dissolução de sociedade, após constatar que não dispunha dos recursos humanos e materiais em sua estrutura profissional para assumir o encargo, informou verbalmente ao juiz que iria aceitar o trabalho, mas que não teria condições de cumprir com os prazos estabelecidos.

III. Um perito-contador assistente, convidado por uma das partes, ao tomar conhecimento de que a parte contrária era seu amigo íntimo, além de compadre, comunicou sua recusa, devidamente justificada por escrito, com cópia ao juízo.

Nas três situações acima descritas, o comportamento do perito está de acordo com o disposto na NBC PP 01 – Perito Contábil,

Capítulo 9 – Exercícios **209**

que estabelece procedimentos inerentes à atuação do contador na condição de perito, nos itens:

a) I e II, apenas.

b) I e III, apenas.

c) II e III, apenas.

d) I, II e III.

Resposta: B

31. Relacione a base de mensuração na primeira coluna com a descrição respectiva na segunda coluna e, em seguida, assinale a opção CORRETA.

(1) Custo Histórico	( ) Os ativos são reconhecidos pelos valores em caixa ou equivalentes de caixa que teriam de ser pagos se esses ativos ou ativos equivalentes fossem adquiridos na data do balanço.
(2) Custo Corrente	( ) Os ativos são registrados pelos valores pagos ou a serem pagos em caixa ou equivalentes de caixa ou pelo valor justo dos recursos que são entregues para adquiri--los na data da aquisição.
(3) Valor de Realização ou Liquidação	( ) Os ativos são mantidos pelos valores em caixa ou equivalentes de caixa que poderiam ser obtidos pela venda em uma forma ordenada.

A sequência CORRETA é:

a) 2, 1, 3.

b) 2, 3, 1.

c) 3, 2, 1.

d) 3, 1, 2.

Resposta: A

210 TEORIA DA CONTABILIDADE

Comentários do autor:

Com base na Resolução CFC nº 1.121/08 (vigente na época da realização da segunda edição do Exame de Suficiência), em seu item 100, que trata da mensuração dos elementos das demonstrações contábeis, um número variado de bases de mensuração é empregado em diferentes graus e em variadas combinações nas demonstrações contábeis:

- Custo histórico. Os ativos são registrados pelos valores ou a serem pagos em caixa ou equivalentes de caixa ou pelo valor justo dos recursos que são entregues para adquiri-los na data da aquisição.

- Custo corrente. Os ativos são reconhecidos pelos valores em caixa ou equivalentes de caixa que teriam de ser pagos se esses ativos ou ativos equivalentes fossem adquiridos na data do balanço.

- Valor realizável (valor de realização ou de liquidação). Os ativos são mantidos pelos valores em caixa ou equivalentes de caixa que poderiam ser obtidos pela venda numa forma ordenada.

32. Em relação às características qualitativas das informações contábeis, assinale a opção INCORRETA.

a) A mensuração e a apresentação dos efeitos financeiros de transações semelhantes e outros eventos devem ser feitas de modo consistente pela entidade, e mudanças em políticas contábeis somente são admitidas quando requeridas pela introdução de normas contábeis aperfeiçoadas.

b) As informações são relevantes quando podem influenciar as decisões econômicas dos usuários, ajudando-os a avaliar o impacto de eventos passados, presentes ou futuros ou confirmando ou corrigindo as suas avaliações anteriores.

c) Para ser confiável, a informação contida nas demonstrações contábeis deve ser neutra, isto é, imparcial. As demonstrações contábeis não são neutras se, pela escolha ou apresentação da informação, elas induzirem a tomada de decisão ou julgamento específico, visando atingir um resultado ou desfecho predeterminado.

Capítulo 9 – Exercícios **211**

d) Uma qualidade essencial das informações apresentadas nas demonstrações contábeis é que elas sejam compreendidas pelos usuários. Para tanto, presume-se que os usuários tenham um conhecimento razoável dos negócios, atividades econômicas e contabilidade e a disposição de estudar as informações com razoável diligência.

Resposta: A

Comentários do autor:

De acordo com a Resolução CFC nº 1.121/08 (vigente na época da realização da segunda edição do Exame de Suficiência), itens 24 a 46, a primeira afirmação ("a") não especifica claramente uma característica qualitativa da informação contábil, enquanto as demais se referem às características da relevância, confiabilidade e compreensibilidade ("b", "c" e "d", respectivamente).

33. Uma determinada Sociedade, entendendo que o Controle Orçamentário é uma das etapas fundamentais para o gerenciamento das suas atividades, está motivando os gestores a elaborarem e acompanharem os orçamentos de suas áreas para que eles possam participar efetivamente de todas as etapas orçamentárias.

Os itens a seguir apresentam justificativas que a Controladoria, na função de gerenciamento do sistema de informações gerenciais, poderia apresentar para reforçar o intuito da organização.

Com relação às alternativas que poderiam ser utilizadas pela controladoria como argumentos, julgue os itens abaixo e, em seguida, assinale a opção CORRETA.

I. A elaboração do orçamento e o controle orçamentário proporcionam informações e condições para que os gestores da estrutura organizacional da entidade possam entender os resultados obtidos, conhecer as variações favoráveis e desfavoráveis dos eventos em comparação com o que foi previsto.

II. A elaboração do orçamento e o controle orçamentário têm como objetivo proporcionar informações e condições para que os gestores

212 TEORIA DA CONTABILIDADE

da estrutura organizacional da entidade possam buscar e encontrar os culpados pelos desvios, contribuindo para identificar o perfil operacional de seus recursos humanos.

III. A elaboração do orçamento e o controle orçamentário permitem que os gestores tenham condições de questionar as variações em termos de causa e efeito e permite reprogramar o planejamento da entidade.

Estão certos os itens:

a) I e II, apenas.

b) I e III, apenas.

c) II e III, apenas.

d) I, II e III.

Resposta: B

34. Em relação ao Sistema de Informações Gerenciais, julgue os itens abaixo como Verdadeiros (V) ou Falsos (F) e, em seguida, assinale a opção CORRETA.

I. O sistema de informações gerenciais dá suporte ao processo de gestão em todas as suas etapas: planejamento, execução e controle.

II. O sistema de informações gerenciais tem por objetivo gerar informações que atendam às necessidades dos tomadores de decisões.

III. O sistema de informações gerenciais é um conjunto de recursos humanos e materiais responsável pela coleta e processamento de dados para produzir informações que sejam úteis a todos os níveis de gerência.

A sequência CORRETA é:

a) F, F, F.

b) F, V, V.

c) V, V, F.

d) V, V, V.

Resposta: D

35. Em relação à aplicação do Princípio do Registro pelo Valor Original, assinale a opção CORRETA.

a) A aplicação do Princípio do Registro pelo Valor Original implica que os ativos e passivos sejam registrados pelos valores pagos ou a serem pagos em caixa, não sendo admitidas outras bases de mensuração, tais como valor realizável, valor presente e valor justo.

b) A atualização monetária representa nova avaliação, mediante a aplicação de indexadores ou outros elementos aptos a traduzir a variação do poder aquisitivo da moeda em um dado período, constituindo-se, portanto, em um descumprimento do Princípio do Registro pelo Valor Original.

c) A atualização monetária representa o ajustamento dos valores originais para determinada data, mediante a aplicação de indexadores ou outros elementos aptos a traduzir a variação do poder aquisitivo da moeda nacional em um dado período, não representando um descumprimento Princípio ao Registro pelo Valor Original.

d) A redação atualizada da Resolução CFC nº 750/93, que trata dos Princípios de Contabilidade, feita pela Resolução nº 1.282/10, aboliu o Princípio do Registro pelo Valor Original por estar em desacordo com as novas normas contábeis brasileiras, convergentes às normas internacionais de contabilidade.

Resposta: C

Comentários do autor:

- Afirmação "a": a Resolução CFC nº 750/93, atualizada pela Resolução CFC nº 1.282/10, na Seção IV, art. 7º, § 1º, indica que os valores dos componentes do patrimônio podem sofrer variações decorrentes de diversos fatores, como, por exemplo, valor realizável, valor presente e valor justo. Portanto, esta afirmação está INCORRETA.

- Afirmação "b": a Resolução CFC nº 750/93, atualizada pela Resolução CFC nº 1.282/10, na Seção IV, art. 7º, § 1º, inciso II, letra "e", prevê a atualização monetária em determinadas circunstâncias. Assim, não se trata de um descumprimento ao referido princípio, fazendo com que afirmação esteja INCORRETA.

- Afirmação "c": a Resolução CFC nº 750/93, atualizada pela Resolução CFC nº 1.282/10, na Seção IV, art. 7º, § 1º, inciso II, letra "e", prevê a

214 TEORIA DA CONTABILIDADE

atualização monetária em determinadas circunstâncias. Assim, trata-se de uma previsão legal, fazendo com que afirmação esteja CORRETA.

- Afirmação "d": a Resolução CFC nº 750/93, atualizada pela Resolução CFC nº 1.282/10, na Seção IV, traz o Princípio do Registro pelo Valor Original. Portanto, a afirmação está INCORRETA.

36. Redução ao Valor Recuperável de Ativos se aplica a todos os ativos a seguir, EXCETO a:

a) Ativo Intangível.

b) Estoque.

c) Imobilizado.

d) Investimento em Controlada.

Resposta: B

37. Em relação à aplicação do Princípio da Oportunidade, assinale a opção INCORRETA.

a) A falta de integridade e tempestividade na produção e na divulgação da informação contábil pode ocasionar a perda de sua relevância.

b) É necessário ponderar a relação entre a oportunidade e a confiabilidade da informação, de forma a tentar equilibrar as duas qualidades.

c) É necessário considerar que a confiabilidade tem prioridade em relação à tempestividade da informação produzida, sendo sempre preferível sacrificar a tempestividade em prol da confiabilidade.

d) Este Princípio de Contabilidade refere-se ao processo de mensuração e apresentação dos componentes patrimoniais para produzir informações íntegras e tempestivas.

Resposta: C

Comentários do autor:

- Afirmação "a": CORRETA, com base na Seção III, art. 6º, parágrafo único, da Resolução CFC nº 750/93, alterada pela Resolução CFC nº 1.282/10.

Capítulo 9 – Exercícios **215**

- Afirmação "b": CORRETA, com base na Seção III, art. 6º, parágrafo único, da Resolução CFC nº 750/93, alterada pela Resolução CFC nº 1.282/10.

- Afirmação "c": INCORRETA, pois não há fundamentação legal para tal alegação.

- Afirmação "d": CORRETA, com base na Seção III, art. 6º, da Resolução CFC nº 750/93, alterada pela Resolução CFC nº 1.282/10.

38. Caracteriza-se como rescisão injusta do contrato de trabalho a suspensão do empregado por:

a) mais de quinze dias consecutivos em qualquer tempo.

b) mais de vinte dias alternados no ano.

c) mais de vinte dias alternados do semestre.

d) mais de trinta dias consecutivos.

Resposta: D

39. De acordo com as formas de reorganização societária e suas características, relacione a primeira coluna à segunda, em seguida, assinale a opção CORRETA.

(1) Incorporação	( ) Operação pela qual uma ou mais sociedades são absorvidas por outra, que lhes sucede em todos os direitos e obrigações.
(2) Fusão	( ) Operação pela qual a companhia transfere parcelas do seu patrimônio para uma ou mais sociedades, constituídas para esse fim ou já existentes.
(3) Cisão	( ) Operação pela qual se unem duas ou mais sociedades para formar sociedade nova, que lhes sucederá em todos os direitos e obrigações.

A sequência CORRETA é:

a) 2, 3, 1.

216 TEORIA DA CONTABILIDADE

b) 1, 3, 2.

c) 2, 1, 3.

d) 1, 2, 3.

Resposta: B

40. Com relação à instituição dos tributos, julgue os itens abaixo e, em seguida, assinale a opção CORRETA.

I. A natureza jurídica específica do tributo é determinada pelo fato gerador da respectiva obrigação.

II. É relevante qualificar o tributo pela denominação e demais características formais adotadas pela lei.

III. É relevante qualificar o tributo pela destinação legal do produto da sua arrecadação.

IV. O tributo é toda prestação pecuniária compulsória, em moeda ou cujo valor se possa exprimir, que não constitua sanção de ato ilícito.

Estão certos apenas os itens:

a) I e II.

b) I e IV.

c) II e III.

d) III e IV.

Resposta: B

41. Em relação às sanções éticas previstas pelo Código de Ética Profissional do Contador, assinale a opção INCORRETA.

a) Na aplicação das sanções éticas, pode ser considerada como agravante ação cometida que resulte em ato que denigra publicamente a imagem do profissional da Contabilidade.

b) Na aplicação das sanções éticas, podem ser consideradas como atenuantes a ausência de punição ética anterior e prestação de relevantes serviços à Contabilidade.

Capítulo 9 – Exercícios **217**

c) O julgamento das questões relacionadas à transgressão de preceitos do Código de Ética cabe, unicamente, aos Conselhos Regionais de Contabilidade.

d) O profissional da Contabilidade poderá requerer desagravo público ao Conselho Regional de Contabilidade, quando atingido, pública e injustamente, no exercício de sua profissão.

Resposta: C

42. Com relação à determinação do valor dos serviços profissionais, julgue as situações hipotéticas apresentadas nos itens abaixo e, em seguida, assinale a opção CORRETA.

I. Um contabilista estabelece honorários em contratos por escrito, previamente à realização dos serviços, levando em conta as características do contrato, tais como complexidade, estimativa de horas para realização do trabalho e local onde o serviço será realizado.

II. Um contabilista pratica preços diferenciados para um mesmo tipo de serviço, levando em conta se o cliente é eventual, habitual ou permanente.

III. Um contabilista, preocupado em ampliar a sua base de clientes, adotou uma estratégia de praticar preços abaixo da concorrência. Com essa estratégia, conseguiu dois novos contratos de prestação de serviços. O preço estabelecido em cada um dos contratos levou em conta o seguinte critério: o cliente pagará honorários correspondentes a 40% aos honorários pagos ao profissional da Contabilidade que atendia anteriormente ao cliente.

De acordo com as três situações acima descritas, o comportamento do profissional da Contabilidade está em DESACORDO com o que estabelece o Código de Ética Profissional do Contador no(s) item(ns):

a) I, II e III.

b) II e III, apenas.

c) II, apenas.

d) III, apenas.

Resposta: D

218 TEORIA DA CONTABILIDADE

43. Uma determinada organização contábil presta serviços para diversos clientes. Com o aumento da inadimplência de seus clientes, o contabilista responsável, ao tomar medidas para garantir o recebimento, passou a reter a documentação das empresas inadimplentes sob condição de recebimento das quantias devidas por elas.

Na situação acima, o profissional da Contabilidade:

a) cometeu um ato abusivo, conforme disposição no Código de Ética Profissional do Contador.

b) cometeu um ato abusivo. No entanto, se o profissional provar que o procedimento era necessário para a continuidade do negócio, será anistiado.

c) praticou um ato que está previsto no Código de Ética Profissional do Contador, mas não existe previsão para sanções éticas.

d) praticou um ato que não está previsto no Código de Ética Profissional do Contador, logo não houve nenhum ato abusivo.

Resposta: A

44. Um auditor irá examinar por amostragem um total de 1.000 contratos da empresa auditada. Considerando um nível de confiança desejado de 90%, o auditor chegou à conclusão de que será necessário examinar 278 contratos.

Em relação ao tamanho da amostra calculada pelo auditor, assinale a opção INCORRETA.

a) Caso o intervalo de confiança fosse alterado para 95%, a amostra necessária seria maior.

b) Caso o intervalo de confiança fosse alterado para 95%, a amostra necessária seria menor.

c) O desvio padrão conhecido ou estimado interfere no cálculo do tamanho da amostra.

d) O erro máximo de estimação admitido interfere no cálculo do tamanho da amostra.

Resposta: B

Capítulo 9 – Exercícios **219**

45. Uma empresa obteve em 1º de julho um empréstimo de R$ 800.000,00 a ser pago integralmente após três meses, com incidência de juros compostos de 5% ao mês.

Ao final do mês de agosto, a empresa apresentará o valor de despesa financeira acumulada referente a este empréstimo no valor de:

a) R$ 0,00.

b) R$ 80.000,00.

c) R$ 82.000,00.

d) R$ 126.100,00.

Resposta: C

46. Um investidor efetuou uma aplicação financeira a juros nominais de 3% ao semestre, capitalizados mensalmente. O prazo da aplicação financeira era de 3 semestres.

A taxa efetiva de juros para o prazo total da aplicação é de:

a) 9,00%.

b) 9,13%.

c) 9,27%.

d) 9,39%.

Resposta: D

47. Uma duplicata no valor de R$ 4.000,00 foi descontada em uma instituição financeira que cobra juros nominais de 24% a.a. Na data da operação, faltavam 3 meses para o vencimento da duplicata. O método utilizado pela instituição financeira para cálculo dos encargos da operação é conhecido como desconto bancário ou comercial, ou, ainda, desconto por fora.

O valor do desconto será de:

a) R$ 226,41.

b) R$ 240,00.

c) R$ 3.760,00.

d) R$ 3.773,59.

Resposta: B

220 TEORIA DA CONTABILIDADE

Leia o texto a seguir para responder às questões 48, 49 e 50.

CPC corre para garantir a normatização da convergência

Maristela Girotto

1   A Lei nº 11.638/07 foi aprovada no apagar das luzes de 2007 e já era
2 aplicável em 1º de janeiro de 2008, o que gerou uma corrida contra o tempo para
3 que as várias mudanças contábeis pudessem ser normatizadas. Apesar do esforço,
4 uma pesquisa feita em 90 executivos brasileiros – publicada em dezembro de 2008
5 num jornal de circulação nacional – mostrou que, no final do ano, o processo de
6 migração para o IFRS estava bastante atrasado nas companhias.
7   Na opinião do coordenador técnico do Comitê de Pronunciamentos
8 Contábeis, Edison Arisa Pereira, um processo de mudança como o que está sendo
9 vivenciado atualmente é preocupante e requer adequado planejamento e cuidado na
10 implementação. "Temos que levar em consideração que estamos falando da maior
11 alteração de práticas contábeis desde a edição da Lei nº 6.404, ou seja, há mais de
12 30 anos", afirma.
13   Confiante de que o processo será bem-sucedido, Arisa argumenta que a atual
14 mudança, além de técnica, é cultural, por isso deverá demandar certo tempo para
15 ser plenamente absorvida por todos os usuários das demonstrações contábeis. As
16 normas internacionais de contabilidade, segundo ele, privilegiam a essência sobre a
17 forma e ditam, em geral, o princípio a ser seguido, não trazendo uma formulação
18 detalhada de como proceder em cada tipo de transação, o que implica maior
19 exercício do julgamento profissional quando da aplicação das novas regras.
20   A adaptação às alterações essenciais promovidas pela Lei nº 11.638/07, que
21 afeta os balanços de 2008, deverá produzir, na opinião do coordenador técnico do
22 CPC, um efeito importante na percepção dos executivos sobre a relevância de se
23 agilizar o processo de migração plena os IFRS. Para as companhias abertas,
24 instituições financeiras e seguradoras, o processo deverá estar concluído até a
25 divulgação dos balanços consolidados de 2010, por força das disposições dos
26 reguladores dessas entidades (CVM, Banco Central e Superintendência de Seguros
27 Privados). "Cabe ressaltar que se ter concluído o balanço (consolidado) em IFRS
28 de 2010, necessário se faz elaborar demonstrações contábeis comparativas do
29 exercício precedente (2009)", explica.

(A migração das normas contábeis brasileiras para o padrão internacional: especialistas analisam o processo.
In: **Revista Brasileira de Contabilidade**. Janeiro / fevereiro 2009 – nº 175, p. 8.)

48.   De acordo com o texto, é INCORRETO afirmar que

a) a alteração de práticas contábeis de tal magnitude, segundo o coordenador técnico do CPC, é processo difícil, complexo e inquietante.

b) as mudanças requerem novas perspectivas técnicas e culturais.

c) noventa executivos brasileiros, entrevistados em pesquisa jornalística, revelaram o atraso na migração para os novos padrões.

Capítulo 9 – Exercícios **221**

d) o intervalo entre a aprovação da Lei nº 11.638/07 e sua aplicabilidade impediu que se elaborassem normas para a mudança em curto prazo.

Resposta: D

49. Conforme o texto,

a) as normas internacionais de contabilidade privilegiam aspectos essenciais e parâmetros, em detrimento dos aspectos formais.

b) o "maior exercício do julgamento profissional quando da aplicação das novas regras" implica a falta de "formulação detalhada de como proceder em cada tipo de transação".

c) serão necessários mais de trinta anos para a absorção das novas normas.

d) todas as instituições deverão concluir o processo de migração até o ano em curso.

Resposta: A

50. Identifique a descrição gramatical INCORRETA no texto.

a) A expressão "no apagar das luzes" (linha 1) tem sentido figurado correspondente a nos últimos momentos.

b) A grafia de "bem-sucedido" (linha 13) desobedece aos preceitos da nova ortografia portuguesa.

c) As vírgulas empregadas em "no final do ano" (linha 5) servem para isolar termo intercalado.

d) O emprego do acento grave indicativo de crase, em "A adaptação às alterações" (linha 20), é obrigatório por causa da fusão da preposição a com o artigo as.

Resposta: B

9.3. QUESTÕES DA 3ª EDIÇÃO – MARÇO DE 2012

1. Uma sociedade empresária apresentou os seguintes dados para a elaboração da Demonstração do Valor Adicionado:

222 TEORIA DA CONTABILIDADE

Receita Bruta de Vendas	R$ 800.000,00
(-) Tributos sobre as Vendas	R$ 136.000,00
Receita Líquida	R$ 664.000,00
(-) Custo das Mercadorias Vendidas	R$ 498.000,00
Lucro Bruto	R$ 166.000,00
Despesa com Pessoal	R$ 90.000,00
Despesa com Depreciação	R$ 8.000,00
Despesa de Juros sobre Empréstimos	R$ 3.000,00
Resultado antes dos Tributos sobre o Lucro	R$ 65.000,00
Imposto de Renda	R$ 16.250,00
Contribuição Social	R$ 5.850,00
Resultado do Período	R$ 42.900,00

Informações adicionais:

I. O custo de aquisição da mercadoria vendida foi calculado da seguinte forma:

Valor da Mercadoria R$ 600.000,00

ICMS Recuperado R$ 102.000,00

Custo Aquisição R$ 498.000,00

II. O valor da despesa com Pessoal é composto dos seguintes gastos:

Salários, Férias e 13º Salário R$ 65.000,00

INSS R$ 25.000,00

Total R$ 90.000,00

De acordo com a Demonstração do Valor Adicionado, elaborada a partir dos dados fornecidos, assinale a opção INCORRETA.

a) O Valor adicionado a distribuir é R$ 192.000,00.

b) O Valor adicionado a distribuir é R$ 294.000,00.

c) O valor da remuneração de capital de terceiros é de R$ 3.000,00.

d) O valor distribuído para pessoal é de R$ 65.000,00.

Resposta: B

2. Em relação ao conteúdo das Notas Explicativas, de acordo com a NBC TG 26 – Apresentação das Demonstrações Contábeis, é INCORRETO afirmar que o conjunto das Notas Explicativas apresenta:

a) a divulgação da análise dos resultados e da posição financeira da sociedade e o parecer da diretoria.

b) a divulgação de informações requerida pelas normas, interpretações e comunicados técnicos que não tenha sido evidenciada nas demonstrações contábeis.

c) as informações adicionais que não tenham sido evidenciadas nas demonstrações contábeis, mas que sejam relevantes para sua compreensão.

d) as informações sobre a base para elaboração das demonstrações contábeis e das políticas específicas utilizadas.

Resposta: A

3. Uma sociedade empresária apresentou o seguinte Balancete de Verificação em 31.1.2012:

	Débito	Crédito
Intangível	R$ 80.000,00	
Financiamento Bancário – Longo Prazo		R$450.000,00
Encargos Financeiros Passivos a Transcorrer	R$ 25.500,00	
Contas a Receber – Curto Prazo	R$ 380.000,00	
Fornecedores – Curto Prazo		R$ 65.000,00
Provisão para Riscos Ambientais		R$ 8.000,00
Perdas Estimadas para Crédito de Liquidação Duvidosa		R$ 1.000,00
Mútuo com Partes Relacionadas	R$ 30.000,00	
Caixa	R$ 20.000,00	
Estoque	R$ 90.000,00	
Imobilizado	R$ 200.000,00	
	Débito	**Crédito**
Amortização Acumulada		R$ 48.000,00
Depreciação Acumulada		R$ 20.000,00

224 TEORIA DA CONTABILIDADE

Férias e Encargos		R$ 70.000,00
Décimo Terceiro e Encargos		R$ 80.500,00
ICMS a Recolher		R$ 17.000,00
Ajuste de Avaliação Patrimonial	R$ 24.000,00	
Capital Social		R$ 90.000,00
TOTAL	**R$ 843.500,00**	**R$ 843.500,00**

Considerando os dados do Balancete de Verificação, assinale a opção CORRETA.

a) O Ativo Circulante totaliza R$ 519.000,00 e o Ativo Não Circulante totaliza R$ 237.500,00.

b) O Ativo Circulante totaliza R$ 519.000,00 e o Ativo Não Circulante totaliza R$ 242.000,00.

c) O Ativo Circulante totaliza R$ 489.000,00 e o Ativo Não Circulante totaliza R$ 242.000,00.

d) O Ativo Circulante totaliza R$ 489.000,00 e o Ativo Não Circulante totaliza R$ 267.500,00.

Resposta: C

4. Uma sociedade empresária apresentou os seguintes dados de um determinado período:

Despesas administrativas reconhecidas durante o período	R$ 20.000,00
Ganhos na remensuração de ativos financeiros disponíveis para venda líquidos dos tributos	R$ 30.000,00
Lucro bruto do período	R$ 240.000,00
Lucro líquido do período	R$ 270.000,00
Perdas derivadas de conversão de demonstrações contábeis de operações no exterior menos tributos sobre ajuste de conversão	R$ 170.000,00
Receita de vendas realizadas durante o período	R$ 800.000,00
Resultado do período antes das receitas e despesas financeiras	R$ 230.000,00

Na Demonstração do Resultado Abrangente, elaborada a partir dos dados fornecidos, o valor do Resultado Abrangente é igual a:

a) R$ 90.000,00.

b) R$ 100.000,00.

c) R$ 110.000,00.

d) R$ 130.000,00.

Resposta: D

5. Em 2.10.2011, uma sociedade empresária adquiriu uma mercadoria para revenda. Os dados da transação são os seguintes:

Preço de compra antes do abatimento	R$ 21.000,00
ICMS s/ compra – recuperável	R$ 3.400,00
Abatimentos	R$ 1.000,00
Gastos com transporte da mercadoria	R$ 2.000,00
ICMS s/ Frete – recuperável	R$ 340,00

Em 15.11.2011, a empresa vendeu 50% do estoque.

Em 31.12.2011, a empresa apurou que o preço estimado de venda no curso normal dos negócios, deduzido dos custos estimados para sua conclusão e dos gastos estimados necessários para se concretizar a venda para esta mercadoria, é de R$ 8.000,00.

Considerando que a empresa não possui estoque inicial, o valor do estoque em 31.12.2011 a ser apresentado no Balanço Patrimonial nesta data é de:

a) R$ 8.000,00.

b) R$ 8.800,00.

c) R$ 9.130,00.

d) R$ 9.630,00.

Resposta: A

6. Uma sociedade empresária prestou serviço a outra pessoa jurídica, no valor de R$ 100.000,00, com incidência de imposto de renda na fonte à alíquota de 1,5%, recuperável, faturado para trinta dias.

Acerca do lançamento contábil na empresa que prestou o serviço, assinale a opção CORRETA.

226 TEORIA DA CONTABILIDADE

a) Débito: Caixa   R$ 98.500,00
    Débito: IRRF a Recuperar   R$ 1.500,00
    Crédito: Receita com Serviços   R$ 100.000,00

b) Débito: Caixa   R$ 98.500,00
    Débito: Despesas Tributárias   R$ 1.500,00
    Crédito: Receita com Serviços   R$ 100.000,00

c) Débito: Clientes   R$ 98.500,00
    Débito: Despesas Tributárias   R$ 1.500,00
    Crédito: Receita com Serviços   R$ 100.000,00

d) Débito: Clientes   R$ 98.500,00
    Débito: IRRF a Recuperar   R$ 1.500,00
    Crédito: Receita com Serviços   R$ 100.000,00

Resposta: D

7. Uma sociedade empresária realizou uma venda a prazo no valor de R$ 110.250,00, para recebimento em uma única parcela, após o prazo de dois anos. Observando o que dispõe a NBC TG 12 – Ajuste a Valor Presente, foi registrado um ajuste a valor presente desta operação, considerando-se uma taxa de juros composta de 5% a.a.

O montante do ajuste a valor presente da operação, na data de seu registro inicial, é de:

a) R$ 10.022,73.

b) R$ 10.250,00.

c) R$ 11.025,00.

d) R$ 11.300,63.

Resposta: B

8. Uma sociedade empresária adquiriu mercadorias para revenda por R$ 5.000,00. Neste valor estão incluídos impostos recuperáveis no valor de R$ 600,00. No mesmo período, a totalidade das mercadorias adquiridas foi vendida por R$ 8.000,00. Sobre o valor da venda, incidiram impostos no montante de R$ 1.732,00, embutidos no preço de venda. A comissão devida aos vendedores, no valor de R$ 80,00, também foi registrada no período.

Na Demonstração do Resultado do Período, o Lucro Bruto é igual a:
a) R$ 1.788,00.
b) R$ 1.868,00.
c) R$ 3.600,00.
d) R$ 6.268,00.

Resposta: B

9. Uma sociedade empresária apresentou o Balanço Patrimonial a seguir, ao qual foi acrescida uma coluna de variação, e também a Demonstração do Resultado do período encerrado em 31.12.2011:

Balanço Patrimonial

	31.12.2011	31.12.2010	Variação
ATIVO CIRCULANTE	R$ 322.000,00	R$ 230.000,00	R$ 92.000,00
Caixa	R$ 57.500,00	R$ 23.000,00	R$ 34.500,00
Duplicatas a Receber	R$ 195.500,00	R$ 161.000,00	R$ 34.500,00
Estoques	R$ 69.000,00	R$ 46.000,00	R$ 23.000,00
ATIVO NÃO CIRCULANTE	R$ 115.000,00	–	R$·115.000,00
Imobilizado	R$ 126.500,00	–	R$ 126.500,00
(-) Depreciação Acumulada	(R$ 11.500,00)	–	(R$ 11.500,00)
TOTAL DO ATIVO	R$ 437.000,00	R$ 230.000,00	R$ 207.000,00
PASSIVO CIRCULANTE	R$ 184.000,00	R$ 46.000,00	R$ 138.000,00
Fornecedores	R$ 142.600,00	R$ 46.000,00	R$ 96.600,00
Imposto de Renda e Contribuição Social a Pagar	R$ 41.400,00	–	R$ 41.400,00
PATRIMÔNIO LÍQUIDO	R$ 253.000,00	R$ 184.000,00	R$ 69.000,00
Capital	R$ 184.000,00	R$ 184.000,00	–
Reservas de Lucros	R$ 69.000,00	–	R$ 69.000,00
TOTAL PASSIVO + PL	R$ 437.000,00	R$ 230.000,00	R$ 207.000,00

Demonstração do Resultado

Vendas Líquidas	R$ 391.000,00
Custo da Mercadoria Vendida	(R$ 207.000,00)
Resultado Bruto	**R$ 184.000,00**

228 TEORIA DA CONTABILIDADE

Demonstração do Resultado	
Despesas com Vendas	(R$ 4.600,00)
Despesas com Pessoal	(R$ 57.500,00)
Despesas com Depreciação	(R$ 11.500,00)
Resultado antes dos tributos sobre o Lucro	R$ 110.400,00
Tributos sobre o Lucro	(R$ 41.400,00)
Resultado Líquido do Período	R$ 69.000,00

Na Demonstração dos Fluxos de Caixa elaborada a partir dos dados apresentados, as atividades operacionais geraram caixa no valor de:

a) R$ 59.800,00.

b) R$ 82.800,00.

c) R$ 138.000,00.

d) R$ 161.000,00.

Resposta: D

10. Uma sociedade empresária, cujo Patrimônio Líquido no início do período somava R$ 100.000,00, apresentou, no ano de 2011, as seguintes mutações em seu Patrimônio Líquido:

- Lucro Líquido do Período R$ 20.000,00

- Destinação do lucro para reservas R$ 15.000,00

- Destinação do lucro para dividendos obrigatórios R$ 5.000,00

- Aquisição de ações da própria companhia R$ 2.000,00

- Integralização de Capital em dinheiro R$ 9.000,00

- Incorporação de Reservas ao Capital R$ 4.000,00

Em 31.12.2011, o saldo do Patrimônio Líquido será:

a) R$ 108.000,00.

b) R$ 118.000,00.

c) R$ 122.000,00.

d) R$ 124.000,00.

Resposta: C

Capítulo 9 – Exercícios **229**

11. Na Demonstração do Valor Adicionado, a despesa com aluguel, a energia elétrica consumida no período e o resultado positivo da equivalência patrimonial são evidenciados, respectivamente, como:

a) insumos adquiridos de terceiros; insumos adquiridos de terceiros e remuneração do capital próprio.

b) insumos adquiridos de terceiros; remuneração do capital de terceiros e valor adicionado recebido em transferência.

c) remuneração do capital de terceiros; insumos adquiridos de terceiros e valor adicionado recebido em transferência.

d) remuneração do capital de terceiros; remuneração do capital de terceiros e remuneração do capital próprio.

Resposta: C

12. A Sociedade Investidora A adquiriu 100% do Capital da Sociedade Investida B, por R$ 1.000.000,00 pagos em dinheiro. Na data da aquisição, o valor líquido dos ativos identificáveis adquiridos e dos passivos assumidos da Sociedade Investida B, mensurados de acordo com a NBC TG 15 – Combinações de Negócios, somava R$ 1.200.000,00. Na mesma data, o saldo contábil do Patrimônio Líquido da Sociedade Investida B era de R$ 800.000,00.

Como resultado desta combinação de negócios, a Sociedade Investidora A deverá registrar:

a) um Ágio por expectativa de rentabilidade futura – goodwill – de R$ 200.000,00, em conta do Ativo Não Circulante.

b) uma compra vantajosa de R$ 200.000,00 em conta do Ativo Não Circulante.

c) um Ágio por expectativa de rentabilidade futura – goodwill – de R$ 200.000,00, no resultado do período.

d) uma compra vantajosa de R$ 200.000,00 no resultado do período.

Resposta: D

230 TEORIA DA CONTABILIDADE

13. Relacione os subsistemas de informações da Contabilidade Aplicada ao Setor Público descritas na primeira coluna com os seus objetivos na segunda coluna e, em seguida, assinale a opção CORRETA.

(1) Orçamentário ( ) Registrar, processar e evindenciar os atos e os fatos relacionados ao planejamento e à execução orçamentária.

(2) Patrimonial ( ) Registrar, processar e evidenciar os atos de gestão cujos efeitos possam produzir modificações no patrimônio da entidade do setor público, bem como aqueles com funções específicas de controle.

(3) Custos ( ) Registrar, processar e evidenciar os custos dos bens e serviços produzidos e ofertados à sociedade pela entidade pública.

(4) Compensação ( ) Registrar, processar e evidenciar os fatos financeiros e não financeiros relacionados com as variações qualitativas e quantitativas do patrimônio público.

A sequência CORRETA é:

a) 2, 4, 3, 1.

b) 2, 3, 4, 1.

c) 1, 4, 3, 2.

d) 1, 2, 3, 4.

Resposta: C

14. Em relação à Demonstração do Resultado Econômico, assinale a opção INCORRETA.

a) A demonstração deve ser elaborada de forma independente do sistema de custos.

b) A demonstração evidencia o resultado econômico de ações na contabilidade do setor público.

c) A receita econômica é o valor apurado a partir de benefícios gerados à sociedade pela ação pública, obtido por meio da multiplicação da quantidade de serviços prestados, bens ou produtos fornecidos, pelo custo de oportunidade.

d) O custo de oportunidade é o valor que seria desembolsado na alternativa desprezada de menor valor entre aquelas consideradas possíveis para a execução da ação pública.

Resposta: A

15. Uma entidade pública pretende adquirir um veículo e quer analisar qual o efeito da depreciação, usando o método das cotas constantes e o método da soma dos dígitos. O valor bruto contábil é R$ 52.000,00; foi determinado o valor residual de R$ 12.000,00 e valor depreciável de R$ 40.000,00. A vida útil do bem é de 5 anos, conforme a política da entidade. A taxa de depreciação será calculada anualmente para efeito de decisão. Assim, mantidas as demais premissas, os valores líquidos contábeis, no uso do cálculo da depreciação pelo método das cotas constantes e pelo método da soma dos dígitos, respectivamente, ao final do quarto ano, são:

a) R$ 10.400,00 e R$ 3.466,67.

b) R$ 20.000,00 e R$ 14.666,67.

c) R$ 20.800,00 e R$ 10.400,00.

d) R$ 28.000,00 e R$ 20.000,00.

Resposta: B

16. De acordo com a NBC TSP 16.1 e a NBC TSP 16.5, as entidades do setor público devem manter procedimentos uniformes de registros contábeis, por meio de processo manual, mecanizado ou eletrônico, em rigorosa ordem cronológica, como suporte às informações.

As características do registro e da informação contábil apresentadas abaixo são verdadeiras, EXCETO:

a) Fidedignidade – onde os registros contábeis realizados e as informações apresentadas devem representar fielmente o fenômeno contábil que lhes deu origem.

b) Imparcialidade – onde os registros contábeis devem ser realizados e as informações devem ser apresentadas de modo a privilegiar interesses específicos e particulares de agentes e/ou entidades.

232 TEORIA DA CONTABILIDADE

c) Integridade – onde os registros contábeis e as informações apresentadas devem reconhecer os fenômenos patrimoniais em sua totalidade, não podendo ser omitidas quaisquer partes do fato gerador.

d) Verificabilidade – onde os registros contábeis realizados e as informações apresentadas devem possibilitar o reconhecimento das suas respectivas validades.

Resposta: B

17. De acordo com a Terminologia de Custos, julgue os itens abaixo como Verdadeiros (V) ou Falsos (F) e, em seguida, assinale a opção CORRETA.

I. Gargalo compreende um ponto da estrutura organizacional ou um recurso que limita as atividades operacionais.

II. Margem de Segurança Operacional corresponde à quantidade de produtos ou receitas que uma empresa opera abaixo do ponto de equilíbrio.

III. Produção em Série é um sistema produtivo no qual as empresas necessitam de um pedido formal do cliente. Os produtos não são padronizados, sendo produzidos de acordo com as características pedidas pelos clientes.

IV. Rateio de Custo é a alocação dos custos aos objetos de custeio tendo por base um critério de rateio previamente definido.

V. Sistema de Acumulação de Custos por Processo é o sistema de acumulação de custos utilizados pelas empresas que trabalham em produção em série. Consiste em acumular os custos em uma conta representativa de um centro de custos e dividi-los pela produção equivalente para obter o custo de uma unidade de produto.

A sequência CORRETA é:

a) V, F, F, V, V.

b) V, F, F, V, F.

c) F, F, F, V, V.

d) F, V, V, V, F.

Resposta: A

18. Uma indústria apresenta aos seus analistas de custos as seguintes informações do mês de fevereiro de 2012:

Produtos	Quantidade produzida	Quantidade vendida	Custo Variável Total	Preço de Venda Unitário
A	1.200 unids.	1.100 unids.	R$ 20.160,00	R$ 40,00
B	750 unids.	500 unids.	R$ 33.000,00	R$ 70,00
C	5.200 unids.	5.200 unids.	R$ 33.280,00	R$ 13,00

- A empresa adota o Custeio por Absorção.

- Os Custos Fixos Totais são de R$ 21.610,00 e foram rateados aos produtos com base nos custos variáveis totais.

- As Despesas Variáveis representam 5% do preço de vendas.

- As Despesas Fixas representam R$ 6.300,00.

A Margem de Contribuição Total dos produtos A, B e C são, respectivamente:

a) R$ 23.320,00; R$ 11.250,00; e R$ 30.940,00.

b) R$ 25.440,00; R$ 16.875,00; e R$ 30.940,00.

c) R$ 25.520,00; R$ 13.000,00; e R$ 34.320,00.

d) R$ 27.840,00; R$ 19.500,00; e R$ 34.320,00.

Resposta: A

19. Uma indústria apresenta o custo padrão necessário para comprar, cortar e beneficiar uma tora de madeira.

-Custos com materiais R$ 125.000,00.

- Custos de transformação R$ 55.000,00.

Do processo inicial, sairão dois produtos, partindo desses custos conjuntos: chapas de madeira e vigas de madeira. Os valores de venda estimados desses dois produtos são os seguintes:

- Chapas R$ 252.000,00.

- Vigas R$ 378.000,00.

Os custos adicionais para venda das chapas são estimados em R$ 50.000,00 e para venda das vigas em R$ 112.000,00.

234 TEORIA DA CONTABILIDADE

Considerando o valor das vendas dos produtos finais como base de rateio e considerando os custos conjuntos das chapas de madeira e das vigas de madeira, as margens líquidas em percentual de cada produto são, respectivamente:

a) 40,00% e 60,00%.

b) 51,59% e 41,80%.

c) 71,43% e 71,43%.

d) 72,22% e 58,52%.

Resposta: B

20. Em fevereiro de 2012, o estoque inicial de uma determinada matéria-prima numa indústria era de R$ 82.500,00. Durante o mês, foram adquiridos R$ 1.950.000,00 desta matéria-prima. No final do mês, o estoque era de R$ 340.000,00. Nessa operação, foram desconsideradas as operações com impostos.

O custo da matéria-prima consumida nesse período é de:

a) R$ 1.527.500,00.

b) R$ 1.692.500,00.

c) R$ 2.207.500,00

d) R$ 2.372.500,00.

Resposta: B

21. Relacione o tipo de custo descrito na primeira coluna com os conceitos na segunda coluna e, em seguida, assinale a opção CORRETA.

(1) Custo Fixo	( )	É custo de natureza mais genérica, não sendo possível identificar imediatamente como parte do custo de determinado produto.
(2) Custo Variável	( )	Um custo que pode ser diretamente controlado em determinado nível de autoridade administrativa, seja em curto, seja em longo prazo.

(3) Custo Direto	( )	Um custo que, em determinado período e volume de produção, não se altera em seu valor total, mas vai ficando cada vez menor em termos unitários com o aumento do volume de produção.
(4) Custo Indireto	( )	É custo incorrido em determinado produto, identificando-se como parte do respectivo custo.
(5) Custo Controlável	( )	Um custo uniforme por unidade, mas que varia no total na proporção direta das variações da atividade total ou do volume de produção relacionado.

A sequência CORRETA é:

a) 4, 5, 1, 3, 2.

b) 1, 5, 4, 3, 2.

c) 1, 3, 4, 5, 2.

d) 4, 3, 1, 5, 2.

Resposta: A

22. Uma sociedade empresária produz um produto com preço de venda de R$ 10,00 por unidade. Os custos variáveis são R$ 8,00 por unidade e os custos fixos totalizam R$ 18.000,00 por ano, dos quais R$ 4.000,00 são relativos à depreciação. O Patrimônio Líquido da empresa é de R$ 50.000,00 e a sua taxa mínima de atratividade é de 10% ao ano.

O ponto de equilíbrio contábil, econômico e financeiro são, respectivamente:

a) 9.000 unidades por ano, 11.500 unidades por ano e 7.000 unidades por ano.

b) 9.000 unidades por ano, 11.500 unidades por ano e 9.500 unidades por ano.

c) 9.000 unidades por ano, 7.000 unidades por ano e 9.500 unidades por ano.

d) 9.000 unidades por ano, 9.500 unidades por ano e 7.000 unidades por ano.

Resposta: A

236 TEORIA DA CONTABILIDADE

23. Uma sociedade empresária apresentou o seguinte Balanço Patrimonial de 2011 e 2010:

ATIVO	31.12.2011	31.12.2010	PASSIVO	31.12.2011	31.12.2010
Ativo Circulante	**R$ 12.500,00**	**R$ 12.300,00**	**Passivo Circulante**	**R$ 7.500,00**	**R$ 9.000,00**
Caixa	R$ 2.500,00	R$ 1.200,00	Fornecedores	R$ 1.500,00	R$ 4.000,00
Duplicatas a Receber	R$ 4.800,00	R$ 9.300,00	Empréstimos	R$ 6.000,00	R$ 5.000,00
Estoques	R$ 5.200,00	R$ 1.800,00			
Ativo Não Circulante	**R$ 25.000,00**	**R$ 24.000,00**	**Patrimônio Líquido**	**R$ 30.000,00**	**R$ 27.300,00**
Investimentos	R$ 5.000,00	R$ 7.000,00	Capital	R$ 25.000,00	R$ 25.000,00
Imobilizado	R$ 20.000,00	R$ 17.000,00	Reservas de Lucros	R$ 5.000,00	R$ 2.300,00
Total	**R$ 37.500,00**	**R$ 36.300,00**	**Total**	**R$ 37.500,00**	**R$ 36.300,00**

Em relação à evolução dos Índices de Liquidez, para o período considerado, assinale a opção CORRETA.

a) Os índices de liquidez seca, corrente e imediata apurados em 2011 foram superiores aos apurados em 2010.

b) Os índices de liquidez seca, corrente e imediata apurados em 2011 foram inferiores aos apurados em 2010.

c) Os índices de liquidez imediata e liquidez corrente foram piores em relação ao ano anterior, mas o índice de liquidez seca apresentou uma melhora.

d) Os índices de liquidez imediata e liquidez corrente foram melhores em relação ao ano anterior, mas o índice de liquidez seca apresentou uma piora.

Resposta: D

24. Uma empresa industrial estabeleceu os seguintes padrões de custos diretos por unidade:

	QUANTIDADE	PREÇO
Matéria-Prima	0,5 kg	R$ 4,00 por kg
Mão de Obra Direta	15 minutos	R$ 10,00 por hora

Em determinado período, foram produzidos 10.000 produtos, com os seguintes custos reais:

	QUANTIDADE	PREÇO
Matéria-Prima	6.500 kg	R$ 4,20 por kg
Mão de Obra Direta	2.500 h	R$ 12,00 por hora

Em relação aos custos apurados no período e variações do custo real em comparação ao custo padrão, assinale a opção INCORRETA.

a) A variação no custo da matéria-prima foi de R$ 0,73 favorável.

b) A variação no custo de mão de obra é devido unicamente à variação no preço.

c) O custo padrão é de R$ 4,50, composto por R$ 2,00 relativo a custo de matéria-prima e R$ 2,50 de custo com mão de obra.

d) O custo real superou o custo padrão em R$ 1,23, e a diferença é devida às variações no custo da matéria-prima e no custo da mão de obra.

Resposta: A

25. Uma sociedade empresária apresentou os seguintes indicadores nos últimos três exercícios:

Indicador	2009	2010	2011
Quociente de Endividamento	1,0	2,0	3,0
Rentabilidade sobre o Patrimônio Líquido	18%	21%	24%
Rentabilidade sobre o Ativo	15%	15%	15%
Margem Líquida	10%	6%	5%

A partir da análise dos indicadores, é CORRETO afirmar que:

a) a elevação do endividamento ao longo dos anos tem reduzido a rentabilidade proporcionada aos proprietários.

b) a taxa de retorno sobre o Ativo tem se mantido em 15% apesar da queda na margem líquida, porque a empresa tem aumentado o giro do ativo.

238 TEORIA DA CONTABILIDADE

c) do ponto de vista dos proprietários, a empresa está a cada dia menos lucrativa e menos arriscada.

d) o custo médio do capital de terceiros é inferior a 15% a.a., uma vez que a rentabilidade do Patrimônio Líquido supera a rentabilidade sobre o Ativo.

Resposta: B

26. De acordo com a NBC TA 315 – Identificação e Avaliação dos Riscos de Distorção Relevante por meio do Entendimento da Entidade e do seu Ambiente, o auditor deve aplicar procedimentos de avaliação de riscos para fornecer uma base para a identificação e avaliação de riscos de distorção relevante nas demonstrações contábeis e nas afirmações.

No processo de avaliação dos riscos, o auditor deve seguir os seguintes procedimentos, EXCETO:

a) realizar procedimentos analíticos para identificar aspectos da entidade que o auditor não tinha conhecimento de forma a auxiliar na avaliação de riscos de erros relevantes para fornecer uma base para planejar e implementar respostas para esses riscos.

b) obter informações por meio da execução de procedimentos de avaliação de riscos e atividades relacionadas como uma forma de obtenção de evidência de auditoria para sustentar avaliações dos riscos de distorção relevante.

c) fazer de forma obrigatória indagações à administração e a outros na entidade, executar procedimentos analíticos e ainda realizar observações e inspeção para cada aspecto do entendimento de forma à obtenção de base segura para avaliação dos riscos.

d) buscar o entendimento da entidade e do seu ambiente, inclusive do controle interno da entidade de forma contínua e dinâmica, primordial para que o auditor planeje a auditoria e exerça o julgamento profissional ao longo da auditoria.

Resposta: C

27. Durante um trabalho de auditoria foram detectadas as seguintes informações sobre a concessão de uma linha de ônibus:

- Valor de custo de R$ 70.000,00 em 31.12.2010.
- Amortização acumulada de R$ 10.500,00 em 31.12.2010.
- Aplicação da NBC TG 01 acusou um valor recuperável de R$ 52.500,00, com base no fluxo de caixa descontado (valor de uso) desse direito.

A posição do auditor independente em relação a esse ativo intangível é de:

a) Recomendar que a empresa reconheça uma perda de R$ 10.500,00 para redução ao valor recuperável do ativo.

b) Recomendar que a empresa reconheça uma perda de R$ 17.500,00 para redução ao valor recuperável do ativo.

c) Recomendar que a empresa reconheça uma perda de R$ 3.500,00 para redução ao valor recuperável do ativo.

d) Recomendar que a empresa reconheça uma perda de R$ 7.000,00 para redução ao valor recuperável do ativo.

Resposta: D

28. O relatório dos auditores independentes sobre as demonstrações contábeis de uma sociedade anônima, em 31.12.2011, foi apresentado com a seguinte redação:

RELATÓRIO DOS AUDITORES INDEPENDENTES SOBRE AS DEMONSTRAÇÕES CONTÁBEIS

Examinamos as demonstrações contábeis da Companhia A, que compreendem o balanço patrimonial em 31 de dezembro de 2011 e as respectivas demonstrações do resultado, das mutações do patrimônio líquido e dos fluxos de caixa para o exercício findo naquela data, assim como o resumo das principais práticas contábeis e demais notas explicativas.

A Administração da Companhia é responsável pela elaboração e adequada apresentação dessas demonstrações contábeis de acordo com as práticas contábeis adotadas no Brasil, e pelos controles internos que ela determinou como necessários para permitir a elaboração de demons-

240 TEORIA DA CONTABILIDADE

trações contábeis livres de distorção relevante, independentemente se causada por fraude ou erro.

Nossa responsabilidade é a de expressar uma opinião sobre essas demonstrações contábeis com base em nossa auditoria, conduzida de acordo com as normas brasileiras e internacionais de auditoria. Essas normas requerem o cumprimento de exigências éticas pelos auditores e que a auditoria seja planejada e executada com o objetivo de obter segurança razoável de que as demonstrações contábeis estão livres de distorção relevante.

Uma auditoria envolve a execução de procedimentos selecionados para obtenção de evidência a respeito dos valores e divulgações apresentados nas demonstrações contábeis. Os procedimentos selecionados dependem do julgamento do auditor, incluindo a avaliação dos riscos de distorção relevante das demonstrações contábeis, independentemente se causada por fraude ou erro. Nessa avaliação de riscos, o auditor considera os controles internos relevantes para a elaboração e adequada apresentação das demonstrações contábeis da Companhia para planejar os procedimentos de auditoria que são apropriados nas circunstâncias, mas, não, para fins de expressar uma opinião sobre a eficácia desses controles internos da Companhia. Uma auditoria inclui, também, a avaliação da adequação das práticas contábeis utilizadas e a razoabilidade das estimativas contábeis feitas pela administração, bem como a avaliação da apresentação das demonstrações contábeis tomadas em conjunto.

Chamamos atenção para a Nota X às demonstrações contábeis, que descreve a incerteza relacionada com o resultado da ação judicial movida contra a Companhia pela Empresa Z. Nossa opinião não contém ressalva relacionada a esse assunto.

O relatório de auditoria acima é um relatório:

a) com abstenção de opinião.

b) que inclui parágrafo de ênfase.

c) que inclui parágrafo de outros assuntos.

d) com ressalva em relação a uma nota explicativa.

Resposta: B

Capítulo 9 – Exercícios **241**

29. Conforme a NBC TA 200, que trata dos Objetivos Gerais do Auditor Independente e a Condução da Auditoria em Conformidade com as Normas de Auditoria, são objetivos gerais do auditor obter segurança razoável de que as demonstrações contábeis como um todo estão livres de distorções relevantes e apresentar o relatório sobre as demonstrações contábeis, comunicando-se como exigido pelas NBC TAs. Entretanto, quando não for possível obter segurança razoável e a opinião com ressalva no relatório do auditor for insuficiente para atender aos usuários previstos das demonstrações contábeis, as NBC TAs requerem que o auditor:

a) reformule os objetivos do trabalho.

b) ajuste a estratégia de auditoria e modifique sua opinião.

c) abstenha de emitir sua opinião ou renuncie ao trabalho.

d) ajuste a estratégia de auditoria e não modifique sua opinião.

Resposta: **C**

30. Relacione os tipos de opinião modificada, a ser expressa pelo auditor independente, constantes da primeira coluna, com as circunstâncias descritas na segunda coluna:

(1)	Opinião com ressalva	( )	Não conseguindo obter evidência de auditoria apropriada e suficiente para suportar sua opinião, o auditor concluiu que os possíveis efeitos de distorções não detectadas, se houver, sobre as demonstrações contábeis poderiam ser relevantes e generalizadas.
(2)	Opinião adversa	( )	Tendo obtido evidência de auditoria apropriada e suficiente, o auditor concluiu que as distorções, individualmente ou em conjunto, são relevantes, mas não generalizadas nas demonstrações contábeis.
(3)	Abstenção de opinião	( )	Tendo obtido evidência de auditoria apropriada e suficiente, o auditor concluiu que as distorções, individualmente ou em conjunto, são relevantes e generalizadas para as demonstrações contábeis.

A sequência CORRETA é:

a) 3, 2, 1.

b) 2, 3, 1.

242 TEORIA DA CONTABILIDADE

c) 3, 1, 2.

d) 2, 1, 3.

Resposta: C

31. De acordo com NBC TP 01 – Perícia Contábil, o planejamento deve ser elaborado com base nos quesitos e/ou no objeto da perícia.

Em relação aos objetivos do planejamento da pericia, julgue os itens abaixo como Verdadeiros (V) ou Falsos (F) e, em seguida, assinale a opção CORRETA.

( ) Conhecer o objeto da perícia, a fim de permitir a adoção de procedimentos que conduzam à revelação da verdade, a qual subsidiará o juízo, o árbitro ou o interessado a tomar a decisão a respeito da lide.

( ) Definir a natureza, a oportunidade e a extensão dos exames a serem realizados, em consonância com o objeto da perícia, os termos constantes da nomeação, dos quesitos ou da proposta de honorários oferecida pelo Perito.

( ) Estabelecer condições para que o trabalho seja cumprido no prazo estabelecido.

( ) Identificar a legislação aplicável ao objeto da perícia.

( ) Identificar fatos que possam vir a ser importantes para a solução da demanda de forma que não passem despercebidos ou não recebam a atenção necessária.

A sequência CORRETA é:

a) V, V, V, V, V.

b) F, F, F, F, V.

c) F, V, V, F, F.

d) V, F, F, F, F.

Resposta: A

32. O laudo pericial contábil e o parecer pericial contábil, de acordo com a NBC TP 01 – Perícia Contábil, devem conter em sua estrutura os seguintes itens, EXCETO:

a) Conclusão, anexos, apêndices, assinatura do perito com sua categoria profissional e registro em Conselho Regional de Contabilidade.

b) Conclusão, anexos, assinatura do advogado com seu parecer sobre a perícia e ajuste de parecer favorável às partes na Justiça.

c) Identificação das diligências realizadas, transcrição e resposta aos quesitos para o laudo pericial contábil.

d) Identificação do processo e das partes, síntese do objeto da perícia e metodologia adotada para os trabalhos periciais.

Resposta: B

33. O perito-contador deve declarar-se suspeito quando, após, nomeado, contratado ou escolhido, verificar a ocorrência de situações que venham suscitar suspeição em função da sua imparcialidade ou independência e, desta maneira, comprometer o resultado do seu trabalho em relação à decisão.

Assinale a opção que apresenta uma situação que NÃO configura um caso de suspeição:

a) a filha de uma das partes tem uma dívida em atraso com o perito-contador.

b) o perito-contador é herdeiro presuntivo da esposa de uma das partes.

c) o perito-contador não é especialista na matéria em litígio.

d) um dos litigantes é amigo íntimo do perito-contador.

Resposta: C

34. Conforme a NBC TG ESTRUTURA CONCEITUAL – Estrutura Conceitual para a Elaboração e Apresentação das Demonstrações Contábeis, para que um recurso controlado por uma entidade atenda ao conceito de Ativo, é característica essencial a:

a) entrega ou promessa futura de entrega de caixa ou outros ativos financeiros para a aquisição.

b) existência de documento que comprove o direito de propriedade da entidade.

244 TEORIA DA CONTABILIDADE

c) existência de substância física, material e corpórea, avaliada com base em documentação hábil.

d) expectativa de geração de benefícios econômicos futuros para a entidade.

Resposta: D

Comentários do autor:

De acordo com a Resolução CFC n° 1.374/11, capítulo 4, item 4.4, letra "a", o ativo é um recurso controlado pela entidade como resultado de eventos passados e do qual se espera que fluam futuros benefícios econômicos para a entidade.

35. Aproveitando o desconto fornecido para pagamento antecipado do imposto em cota única, uma sociedade empresária efetuou, em janeiro de 2012, o pagamento do Imposto sobre Veículos Automotores – IPVA incidente sobre os veículos de sua propriedade e relativo ao ano de 2012. Os veículos são utilizados para entregas das mercadorias vendidas aos clientes. O registro do imposto pago foi efetuado a débito de conta de despesa a parcela relativa ao mês de janeiro, e a débito de conta de ativo o montante relativo aos demais meses.

De acordo com a Resolução CFC n° 750/93, o princípio que justifica o registro descrito de apenas uma parcela do valor pago em conta de despesa é o Princípio da:

a) Competência.

b) Objetividade.

c) Prudência.

d) Tempestividade.

Resposta: A

Comentários do autor:

Com base na Resolução CFC n° 750/93 (alterada pela Resolução n° 1.282/10), Seção VI, art. 9°, o Princípio da Competência determina que os efeitos das transações e outros eventos sejam reconhecidos nos períodos a que se referem, independentemente do recebimento ou pagamento.

36. Um profissional, ao elaborar a escrituração contábil de uma empresa enquadrada e registrada no Simples Nacional, deve:

a) deve deixar de elaborar a escrituração contábil uma vez que a empresa está dispensada diante do enquadramento tributário.

b) deve observar o princípio da competência.

c) deve observar o regime de caixa ou competência de acordo com o que for mais vantajoso para a empresa.

d) deve observar o regime de caixa.

Resposta: B

Comentários do autor:

Qualquer empresa necessita de escrituração contábil, mesmo que esta empresa esteja enquadrada no regime do Simples Nacional. Assim, a afirmação "a" não é procedente.

A Resolução nº 750/93 (alterada pela Resolução nº 1.282/10), que trata dos princípios contábeis, não traz previsão de utilização do regime de caixa na elaboração da escrituração contábil. Ou seja, as alternativas "c" e "d" estão incorretas.

Com base na Resolução CFC nº 750/93 (alterada pela Resolução nº 1.282/10), Seção VI, art. 9º, o Princípio da Competência determina que os efeitos das transações e outros eventos sejam reconhecidos nos períodos a que se referem, independentemente do recebimento ou pagamento. Portanto, na elaboração da escrituração contábil deverá ser obedecido este princípio, fazendo com que a alternativa "b" seja a correta.

37. A NBC TG – ESTRUTURA CONCEITUAL – Estrutura Conceitual para a Elaboração e Apresentação das Demonstrações Contábeis estabelece os conceitos que fundamentam a preparação e a apresentação de demonstrações contábeis destinadas a usuários externos.

246 TEORIA DA CONTABILIDADE

Portanto, NÃO é finalidade dessa NBC TG:

a) apoiar os usuários das demonstrações contábeis na interpretação de informações nelas contidas, preparadas em conformidade com as normas.

b) auxiliar os auditores independentes a formar sua opinião sobre a conformidade das demonstrações contábeis com as normas.

c) dar suporte aos responsáveis pela elaboração das demonstrações contábeis na aplicação das normas e no tratamento de assuntos que ainda não tiverem sido objeto de normas.

d) definir normas ou procedimentos para qualquer questão particular sobre aspectos de mensuração, divulgação ou de publicidade.

Resposta: D

Comentários do autor:

De acordo com a finalidade da Resolução CFC nº 1.374/11 – NBC TG – ESTRUTURA CONCEITUAL, podem-se elencar:

- auxiliar os usuários das demonstrações contábeis na interpretação de informações nelas contidas, elaboradas em conformidade com as normas, interpretações e comunicados técnicos (alternativa "a": SIM).

- auxiliar os auditores independentes a formar sua opinião sobre a conformidade das demonstrações contábeis com as normas, interpretações e comunicados técnicos (alternativa "b": SIM).

- auxiliar os responsáveis pela elaboração das demonstrações contábeis na aplicação das normas, interpretações e comunicados técnicos e no tratamento de assuntos que ainda não tenham sido objeto desses documentos (alternativa "c": SIM).

- a NBCT-TG Estrutura Conceitual não é uma norma propriamente dita e, portanto, não define normas ou procedimentos para qualquer questão particular sobre aspectos de mensuração ou divulgação. Nada na Estrutura Conceitual substitui qualquer norma, interpretação ou comunicado técnico (alternativa "d": NÃO).

38. Uma sociedade empresária recebeu uma subvenção governamental, destinada a compensar as despesas com contratação, treinamento e manutenção de uma quantidade mínima de empregados durante os três primeiros anos de funcionamento. O recebimento da subvenção se deu mediante depósito em conta-corrente de livre movimentação, no momento da assinatura do protocolo com o governo do estado.

De acordo com a NBC TG 07 – Subvenção e Assistência Governamentais, o valor recebido pela sociedade empresária deverá ser:

a) reconhecido imediatamente no Patrimônio Líquido, na conta Reserva de Incentivos Fiscais.

b) reconhecido imediatamente no resultado do período e, uma vez apurado o resultado, registrado na conta Reserva de Incentivos Fiscais.

c) registrado no passivo e reconhecido como receita ao longo do período e confrontada com as despesas que pretende compensar, em base sistemática.

d) registrado no patrimônio líquido e reconhecido como receita ao final do período em que deverão ocorrer as despesas que pretende compensar, e em base sistemática.

Resposta: C

39. Admita-se a hipótese de que o Governo federal publicou, em 11.11.2011, um Decreto alterando o Imposto sobre Produtos Industrializados – IPI de um determinado produto. Considerando o princípio da anterioridade, insculpido no Art. 150 da Constituição Federal, pode-se afirmar que o:

a) IPI não poderá ser cobrado em 1º.1.2012 por infringir o princípio da anterioridade nonagesimal.

b) IPI poderá ser cobrado a partir 1º.1.2012, haja vista que o Decreto foi publicado no ano anterior.

c) IPI, o Imposto sobre Operações Financeiras e o Imposto sobre Importações não se submetem ao princípio da anterioridade.

d) princípio da anterioridade nonagesimal se aplica somente às contribuições sociais previstas no Art. 195 da Constituição Federal.

Resposta: QUESTÃO ANULADA

248 TEORIA DA CONTABILIDADE

40. O aviso prévio de que trata o Capítulo VI do Título IV da Consolidação das Leis do Trabalho – CLT, aprovada pelo Decreto-Lei nº 5.452, de 1º de maio de 1943 e alterações posteriores, poderá perfazer um total de até:

a) trinta dias.

b) quarenta e cindo dias.

c) sessenta dias.

d) noventa dias.

Resposta: D

41. É vedado à empresa demitir o empregado sindicalizado a partir do:

a) dia da divulgação do resultado final da eleição para representação sindical, salvo em caso de falta grave nos termos da lei.

b) dia da eleição ao cargo de direção ou representação, salvo em caso de falta grave nos termos da lei.

c) dia em que toma posse no sindicato da classe, salvo em caso de falta grave nos termos da lei.

d) registro da candidatura a cargo de direção ou representação sindical, salvo em caso de falta grave nos termos da lei.

Resposta: D

42. Conforme o Código de Ética Profissional do Contador, aprovado pela Resolução CFC no 803/96 e alterações posteriores, no que se refere ao desempenho das funções do profissional da Contabilidade, julgue os itens abaixo como Verdadeiros (V) ou Falsos (F) e, em seguida, assinale a opção CORRETA.

I. É vedado ao profissional da Contabilidade não revelar negociação confidenciada pelo cliente ou empregador para acordo ou transação que, comprovadamente, tenha tido conhecimento.

II. É vedado ao profissional da Contabilidade emitir referência que identifique o cliente ou empregador, com quebra de sigilo profissional, em publicação em que haja menção a trabalho que tenha realizado ou orientado, salvo quando autorizado por eles.

III. É vedado ao profissional da Contabilidade iludir ou tentar iludir a boa-fé de cliente, empregador ou de terceiros, alterando ou deturpando o exato teor de documentos, bem como fornecendo falsas informações ou elaborando peças contábeis inidôneas.

IV. É vedado ao profissional da Contabilidade não cumprir, no prazo estabelecido, determinação dos Conselhos Regionais de Contabilidade, depois de regularmente notificado.

A sequência CORRETA é:

a) F, V, V, V.

b) V, F, F, F.

c) F, V, F, V.

d) V, F, V, F.

Resposta: A

43. Um contador foi condenado com a penalidade de Censura Pública, dentro do devido processo legal instaurado no Conselho Regional de Contabilidade – CRC.

Diante desse, fato é CORRETO afirmar que o CRC:

a) poderá recorrer ex officio ao Tribunal Superior de Ética e Disciplina.

b) deverá recorrer ex officio ao Tribunal Superior de Ética e Disciplina.

c) poderá, a pedido do interessado, julgar o caso em Segunda Instância.

d) deverá aguardar manifestação do interessado para recorrer *ex officio*.

Resposta: B

44. Com relação aos deveres dos profissionais da Contabilidade, de acordo com o Código de Ética Profissional do Contador, aprovado pela Resolução CFC nº 803/96, e alterações posteriores, julgue os itens abaixo e, em seguida, assinale a opção CORRETA.

I. É dever do profissional da Contabilidade comunicar ao CRC a mudança de seu domicílio ou endereço e da organização contábil de sua

250 TEORIA DA CONTABILIDADE

responsabilidade, bem como a ocorrência de outros fatos necessários ao controle e fiscalização profissional.

II. Se substituído em suas funções, é dever do profissional da Contabilidade informar ao substituto sobre fatos que devam chegar ao conhecimento desse, a fim de habilitá-lo para o bom desempenho das funções a serem exercidas.

III. São deveres do profissional da Contabilidade, entre outros, cumprir os Programas Obrigatórios de Educação Continuada estabelecidos pelo Conselho Federal de Contabilidade e auxiliar a fiscalização do exercício profissional.

Estão CORRETOS os itens:

a) I, II e III.

b) I e II, apenas.

c) I, e III, apenas.

d) II e III, apenas.

Resposta: A

45. De acordo com a NBC TG 25 – Provisões, Passivos Contingentes e Ativos Contingentes, quando a provisão a ser mensurada envolve uma grande população de itens, a obrigação pode ser estimada utilizando o método estatístico de estimativa denominado valor esperado.

Uma sociedade empresária vende bens com uma garantia segundo a qual os clientes estão cobertos pelo custo da reparação de qualquer defeito de fabricação que se tornar evidente, dentro dos primeiros seis meses, após a compra. Se forem detectados defeitos menores em todos os produtos vendidos, a entidade irá incorrer em custos de reparação de R$ 1.000.000,00. Se forem detectados defeitos maiores em todos os produtos vendidos, a entidade irá incorrer em custos de reparação de R$ 4.000.000,00. A experiência passada da entidade e as expectativas futuras indicam que, para o próximo ano, 75% dos bens vendidos não terão defeito, 20% dos bens vendidos terão defeitos menores e 5% dos bens vendidos terão defeitos maiores.

Capítulo 9 – Exercícios **251**

O valor da provisão a ser constituída utilizando o Método Estatístico de Estimativa pelo Valor Esperado é de:

a) R$ 400.000,00.

b) R$ 1.250.000,00.

c) R$ 1.600.000,00.

d) R$ 5.000.000,00.

Resposta: A

46. Uma sociedade empresária possui na sua carteira de duplicatas a receber um total de R$ 800.000,00 vencíveis em 3 meses. A empresa resolve realizar uma operação de desconto em uma instituição financeira contratada, com uma taxa de desconto racional de 2% ao mês. Na data da operação, a sociedade deverá classificar no Passivo o valor do desconto racional ou desconto por dentro como Encargo Financeiro a Transcorrer.

O valor do desconto é:

a) R$ 45.283,02.

b) R$ 46.142,14.

c) R$ 753.857,86.

d) R$ 754.716,98.

Resposta: QUESTÃO ANULADA

47. Uma sociedade empresária obteve, em 1º.9.2011, um empréstimo de R$ 120.000,00, com juros simples de 12% a.a. Os juros serão pagos semestralmente.

O valor registrado em despesa financeira até 31.12.2011 é de:

a) R$ 4.800,00.

b) R$ 4.872,48.

c) R$ 7.200,00.

d) R$ 7.382,42.

Resposta: A

252 TEORIA DA CONTABILIDADE

Ampersand, Rebolo & Cia

Fernando Sabino

1   João Pádua me telefona com uma pergunta desconcertante:
2   – Você sabe como se chama aquele sinalzinho que parece um S ao contrário,
3 significando E no nome das companhias?
4   – Significando o quê?
5   Assim são as coisas: passo a vida inteira lendo e escrevendo, sem perceber
6 que jamais soube como designar esse sinal sem nome, sempre diante de meus
7 olhos, constante em tudo que é razão social de firma ou companhia. Isso mesmo, é
8 esta letrinha &, significando a conjunçao E.
9   – Pois fique sabendo que tem nome sim – insistiu ele: – Me admira que você
10 não saiba. Chama-se AMPURSAND.
11   – O quê?
12   Teve de soletrar para que eu entendesse: A-M-P-U-R-S-A-N-D. Essa não,
13 João! Você não vai querer que eu acredite nisso.
14   – Em que língua é essa palavra?
15   – Ah, você também já está querendo saber demais.
16   No que deixei o telefone, comecei a derrubar dicionários e enciclopédias.
17 Nenhum dos que disponho registra essa horrenda palavra, para designar um sinal
18 tão bonitinho: &. Corresponde na máquina de escrever à parte de cima da tecla 7.
19 Quando eu era menino, gostava de fazer correntinhas de & na velha Remington
20 de meu pai: &&&&&&&&&&&.
21   Como hoje tenho mais o que fazer (talvez nem tanto), passo o assunto para a
22 frente: se algum leitor jamais ouviu falar que esse sinalzinho tenha acaso outra
23 designação menos esquisita, agradeço se me informar. Fiquei com esse nome
24 atravessado, gostaria de devolver ao João Pádua o *ampursand* que ele despejou
25 no meu ouvido. [...]
26   O leitor gosta mesmo é de brincar. Posso abordar os assuntos mais sérios,
27 do mais alto interesse da Nação, não acontece nada. Mas no que escrevi outro
28 dia sobre o *ampersand* (e não *ampursand*, como me ensinou o João Pádua),
29 desencadeei verdadeira avalanche de manifestações, vindas de toda parte.

(A volta por cima. In: Obra reunida. V. III . Rio de Janeiro: Nova Aguilar, 1996. p. 554-555.)

48. Com base no texto, é INCORRETO afirmar que:

a) A tentativa de correlacionar a denominação e o sinal "&" acabou por trazer à tona recordações da infância.

b) Na crônica de Fernando Sabino, o tema do texto é a discordância dos amigos quanto ao nome do sinal "&".

Capítulo 9 – Exercícios **253**

c) O nome do sinal "&" – "ampersand" – não é palavra da língua portuguesa; por isso, é grafado com itálico.

d) O sinal "&" é empregado em denominações comerciais com valor semântico aditivo.

Resposta: B

49. Considerando que o texto contém exemplos da linguagem informal, julgue os itens a seguir.

I. – colocação do pronome átono em relação ao verbo ("Chama-se", na linha 10, "se me informar", na linha 23, ou "como me ensinou o João Pádua", na linha 28)

II. – ocorrência de palavras no diminutivo ("sinalzinho", na linha 2, "bonitinho", na linha 18, e "correntinhas", na linha 19)

III. – uso de expressões da fala ("em tudo que é razão social de firma ou companhia", na linha 7, e "Essa não, João!", nas linhas 12-13)

IV. – o emprego de palavras como "desconcertante", na linha 1, e "avalanche", na linha 29.

O item VERDADEIRO é:

a) I e II são evidências de informalidade.

b) I e III são evidências de informalidade.

c) II e III são evidências de informalidade.

d) II e IV são evidências de informalidade.

Resposta: C

50. Quanto ao emprego dos sinais de pontuação no texto, identifique o item VERDADEIRO, de acordo com a norma culta da língua portuguesa.

a) O uso da vírgula, em "Fiquei com esse nome atravessado, gostaria de devolver ao João Pádua o ampursand que ele despejou no meu ouvido." (linhas 23 a 25) é obrigatório.

254 TEORIA DA CONTABILIDADE

b) O emprego de parênteses, em "(e não ampursand, como me ensinou o João Pádua)", na linha 28, isola enunciado com sentido aditivo, combinando as conjunções "e" e "não".

c) No quinto parágrafo, o enunciado entre travessões duplos ("– insistiu ele: –") corresponde à fala de João Pádua.

d) Cinco das oito formas verbais no gerúndio são precedidas de vírgula.

Resposta: A

Referências

AMORIM, Jaime Lopes. *Mundo da contabilidade*. Porto: Avis, 1968.

D'AMORE, Domingos; CASTRO, Adaucto de Souza. *Curso de contabilidade*. 12. ed. São Paulo: Saraiva, 1962. p. 6.

D'ÁURIA, Francisco. *Enciclopédia do contabilista*. 5. ed. São Paulo: Companhia Editora Nacional, 1946. p. 6.

FRANCO, Hilário. Contabilidade geral. 23. ed. São Paulo: Atlas, 2009. p. 3.

GEIJSBEEK, John Bart. *Ancient double-entry bookkeeping*. Lucas Pacioli's treatise reproduced and translated with reproductions, notes and abstracts from Manzoni, Pietra, Mainardi, Ympyn, Stevin and Dafforne. Denver: Colorado, 1914. p. 18-9; 21.

GRECO, Alvísio; AREND, Lauro; GÄRTNER, Günther. *Contabilidade: teoria e prática básicas*. 2. ed. São Paulo: Saraiva, 2009. p. 1.

HASTINGS, David F. *Bases da contabilidade*. São Paulo: Saraiva, 2007. p. 2.

HERRMANN JÚNIOR, Frederico. *Contabilidade superior*. 11. ed. São Paulo: Atlas, 1996.

IUDÍCIBUS, Sérgio de. *Teoria da contabilidade*. 5. ed. São Paulo: Atlas, 1997.

_____. *Teoria da contabilidade*. 9. ed. 2. reimpr. São Paulo: Atlas, 2009.

MARION, José Carlos. *Contabilidade básica*. 9. ed. São Paulo: Atlas, 2008. p. 7.

NEVES, Silvério das; VICECONTI, Paulo Eduardo V. *Contabilidade básica*. 11. ed. São Paulo: Frase, 2003. p. 3.

RIBEIRO, Osni de Moura. *Contabilidade básica*. São Paulo: Saraiva, 2005. p. 2.

SÁ, Antônio Lopes de. *Teoria geral do conhecimento contábil*. Belo Horizonte: UNA, 1992.

256 TEORIA DA CONTABILIDADE

————. *Teoria da contabilidade superior*. Belo Horizonte: UNA, 1994.

————. *Dicionário de contabilidade*. São Paulo: Atlas, 1995.

————. *História geral e das doutrinas da contabilidade*. São Paulo: Atlas, 1997a.

————. *Introdução à ciência da contabilidade*. Belo Horizonte: Tecnoprint, 1997b.

————. *Fundamentos da contabilidade geral*. 2. ed. 3. tir. Curitiba: Juruá, 2007.

SCHMIDT, Paulo. *História do pensamento contábil*. Porto Alegre: Bookman, 2000.

SZUSTER, Natan et al. *Contabilidade geral: introdução à contabilidade societária*. 2. ed. São Paulo: Atlas, 2009. p. 17.

DOCUMENTOS

Exame de Suficiência – 1ª Edição 2011 – Prova. Disponível em: <http://www.cfc.org.br>.

Exame de Suficiência – 1ª Edição 2011 – Gabarito. Disponível em: <http://www.cfc.org.br>.

Exame de Suficiência – 2ª Edição 2011 – Prova. Disponível em: <http://www.cfc.org.br>.

Exame de Suficiência – 2ª Edição 2011 – Gabarito. Disponível em: <http://www.cfc.org.br>.

Exame de Suficiência – 1ª Edição 2012 – Prova. Disponível em: <http://www.cfc.org.br>.

Exame de Suficiência – 1ª Edição 2012 – Gabarito. Disponível em: <http://www.cfc.org.br>.

Resolução CFC nº 560/83. Disponível em: <http://www.cfc.org.br>.

Resolução CFC nº 750/93. Disponível em: <http://www.cfc.org.br>.

Resolução CFC nº 1.121/08. Disponível em: <http://www.cfc.org.br>.

Resolução CFC nº 1.282/10. Disponível em: <http://www.cfc.org.br>.

Resolução CFC nº 1.301/10. Disponível em: <http://www.cfc.org.br>.

Resolução CFC nº 1.373/11. Disponível em: <http://www.cfc.org.br>.

Resolução CFC nº 1.374/11. Disponível em: <http://www.cfc.org.br>.